"中国劳模"系列丛书

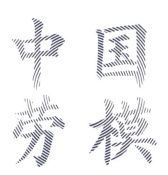

机床制造的"站岗人"
王 亮

王悦◎著

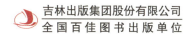

吉林出版集团股份有限公司
全国百佳图书出版单位

图书在版编目（ＣＩＰ）数据

机床制造的"站岗人"：王亮／王悦著. -- 长春：
吉林出版集团股份有限公司, 2024.9
（"中国劳模"系列丛书／徐强主编）
ISBN 978-7-5731-4905-3

Ⅰ.①机… Ⅱ.①王… Ⅲ.①王亮－传记 Ⅳ.
①K826.16

中国国家版本馆CIP数据核字（2024）第082681号

JICHUANG ZHIZAO DE "ZHANGANG REN" : WANG LIANG

机床制造的 "站岗人"：王亮

出 版 人	于 强	
主 编	徐 强	
著 者	王 悦	
组稿统筹	东北师范大学文学院创意写作研究中心	
责任编辑	金 昊	
装帧设计	张红霞	

出 版	吉林出版集团股份有限公司	
发 行	吉林出版集团社科图书有限公司	
地 址	吉林省长春市南关区福祉大路5788号 邮编：130118	
印 刷	唐山富达印务有限公司	
电 话	0431-81629711（总编办）	
抖 音 号	吉林出版集团社科图书有限公司 37009026326	

开 本	710 mm×1000 mm 1／16	
印 张	9	
字 数	100 千字	
版 次	2024 年 9 月第 1 版	
印 次	2024 年 9 月第 1 次印刷	

书 号	ISBN 978-7-5731-4905-3	
定 价	55.00 元	

如有印装质量问题，请与市场营销中心联系调换。0431-81629729

序 言

　　劳动创造财富，劳动创造幸福，劳动创造未来。习近平总书记在2020年全国劳动模范和先进工作者表彰大会上的讲话中指出："全社会要崇尚劳动、见贤思齐，加大对劳动模范和先进工作者的宣传力度，讲好劳模故事、讲好劳动故事、讲好工匠故事，弘扬劳动最光荣、劳动最崇高、劳动最伟大、劳动最美丽的社会风尚。"当今世界，综合国力的竞争归根到底是科技人才和高素质劳动者的竞争。改革开放以来，我们强大的工人队伍用辛勤的劳动和拼搏奉献的精神推动中国制造、中国智造、中国创造走向世界的前列，新时代的中国面貌日新月异。大力弘扬劳模精神、劳动精神、工匠精神，加强高素质技能人才队伍建设，打造一支宏大的知识型、技能型、创新型劳动者队伍，是伟大时代赋予我们的历史责任。

　　劳动模范是民族的精英、人民的楷模，是共和国的功臣。自改革开放以来，广大职工勇立改革潮头，独立自主，奋发图强，勇于创新，其中涌现出一批批全国劳模和大国工匠。他们参与建设了代表中国高度、中国速度、中国深度的一系列重大工程，提升了国家实力，打造了"中国名片"，树立了"中国品牌"，增添了"中国力量"，充分释放出工人阶级的创新活力，展示出大国工匠的强大创造力。他们以工人阶级的满腔热忱在各自平凡的工作岗位上取得了辉煌的成绩，书写了新时代的壮丽篇章。

爱岗敬业、争创一流、艰苦奋斗、勇于创新、淡泊名利、甘于奉献的劳模精神，崇尚劳动、热爱劳动、辛勤劳动、诚实劳动的劳动精神和执着专注、精益求精、一丝不苟、追求卓越的工匠精神，是广大劳动群众在社会生产实践中锤炼形成的弥足珍贵的精神财富，是工人阶级伟大品格的具体体现，是民族精神和时代精神的生动诠释。民族复兴需要劳动模范，祖国强盛需要大国工匠，中国制造、中国智造、中国创造更需要大国工匠的强有力支撑。劳模、工匠等的成长故事、先进事迹中承载的劳模精神、劳动精神和工匠精神，是激励全国各族人民团结奋斗、勇往直前的强大精神力量。

"中国劳模"系列丛书，采用图文结合的方式，讲述全国劳模、大国工匠和先进工作者们的成长经历及他们追梦、筑梦、圆梦的故事，用他们在平凡岗位上创造不平凡业绩的真实故事感染读者，推动形成劳动最光荣、劳动最崇高、劳动最伟大、劳动最美丽的社会风尚，引导广大技术工人和青少年形成劳动光荣、技能宝贵、创造伟大的观念。

"匠心筑梦，强国有我。"新时代是一个万象更新、生机勃勃的时代，也是一个继往开来、创新创业和建功立业的大时代。希望广大读者能以劳动模范为榜样，以大国工匠为楷模，立志技能报国、技术强国，踔厉奋发，勇毅前行，锤炼思想品格，汲取劳动智慧，勇于担当、勤于钻研、甘于奉献，为推进新型工业化和乡村振兴，为加快建设制造强国、质量强国、航天强国、交通强国、网络强国、数字中国、农业强国，全面建设社会主义现代化国家贡献青春力量。

中华全国总工会副主席（兼）

中国航天科技集团有限公司第一研究院

211厂14车间高凤林班组组长

2022年11月

传主简介

在中国工业发展的滚滚洪流中，机床制造业是推动其进步的重要力量之一。在这个行业中，无数劳动者用他们的汗水和智慧，铸就了一个又一个机床制造行业的工程奇迹，推动中国实业的蓬勃发展。

1982年出生于山东枣庄的王亮，便是坚守在机床制造业中的一员。他怀着对机床制造业的热爱和深厚情感，在日复一日的工作中，展现出超高的专业素养和一丝不苟的工匠精神。从2004年王亮进入滕州威达机床厂工作起，他便开启了人生中机床制造的篇章。参加工作以来，王亮不断探索新的工艺和技术，注重细节，追求卓越，致力于提高机床的精度、稳定性和效率。工作期间，他参与实施了多个国家及山东省重大科技专项，获得"内置有自动上卸料机构数控机床及进行工件装卸的方法"等发明专利5项，实用新型专利16项。同时，王亮作为一名来自机床制造一线的员工，通过工会搭建的技术比武平台，不断成长，多次代表省、市参加数控机床装调维修项目的技能比武，荣获全国职工技能大赛团体第三名、山东省职工技能大赛个人及团体第一名的优秀成绩。

王亮凭借孜孜不倦的钻研精神、精湛高超的技艺，先后获得全国劳动模范、全国五一劳动奖章、泰山产业技能领军人才、齐鲁首席技师、齐鲁大工匠、山东省技术能手等多项荣誉。与此同时，他所带领的创新工作室，遵循"易实现、有成效、共性强"的原则，跟踪行业前沿的先进技术，完成技术攻关及创新活动20余项。其中，航天发动机喷注器环小孔加工机床、缝纫机壳体自动化生产线达到国内领先、国际先进水平，推动了中国机床技术的不断进步！

平凡铸就伟大，英雄来自人民。千千万万个像王亮一样坚守在工作岗位上的平凡英雄，他们用勤劳的双手绘就了这个美好的时代，他们是新时代中国制造业的"站岗人"！

目　录

第一章　"苦"与"甜"交织的童年

扫码解锁

◎群英颂歌◎匠心追梦
◎技能报国◎奋斗底色

要求严格的妈妈

1982年5月，王亮出生在山东省枣庄市一个工人家庭里。他的父亲是枣庄第一棉纺织厂机修车间的一名工人，母亲是当地国家粮库储蓄所里的一名职工。

对于王亮来说，童年的美好时光是他一生中最珍贵的回忆。童年的趣事如同点点繁星，闪烁着耀眼的光芒，很多事情都让他至今记忆犹新。对于王亮而言，这些事情有"苦"也有"甜"："苦"来自母亲的严格要求，而"甜"则源于童年有趣的点滴往事。

在王亮儿时的记忆里，自己的家庭处于一种"严母慈父"的模式中，母亲对他的管教比父亲严格很多。王亮小时候总是羡慕小伙伴家里有一位温柔可亲的妈妈，他不明白自己的妈妈为什么总是那么严厉，给自己立了数不清的规矩，比如糖不能多吃、每天晚上必须八点睡觉、当天的作业必须完成……小孩子天性活泼好动，喜欢玩闹，并不懂得大人的良苦用心。王亮因为生活中的种种约束，三天两头跟母亲哭闹，但母亲并不妥协，每次王亮的哭闹只会换来母亲更严厉的教训。有件事最让王亮记忆深刻：小时候的王亮最不喜欢周日。虽然周日不用去上学，可对于王亮来

⊙ 上图　1984年5月，王亮和父亲在山东枣庄人民公园

⊙ 下图　1991年4月，王亮（中）和表姐、母亲合影

说过得比上学还要煎熬。因为一到周日，母亲就会带着他去峄城走亲戚，有时去姥姥姥爷家，有时去二姨或是小姨家。无论是去哪家走亲戚，气氛都很热闹。大人们会做很多好吃的饭菜，摆满整张桌子，妈妈会和大人们一起开心地聊天，王亮的表兄弟姐妹们也都闹哄哄地一起玩儿。但欢声笑语并不属于王亮，因为妈妈不让他出去玩儿，而是要求他在屋里做练习题。每当这个时候，王亮独自一人在屋里听着屋外的喧闹声，苦涩感总是涌上心头，久久不能消散。王亮不敢对母亲有抱怨，心里只求着赶紧把练习题做完，好出去同兄弟姐妹们一起玩儿。这样的状态一直持续了很多年。

长大以后，王亮才理解母亲的用心良苦。母亲在读书的时候，学习成绩特别优秀，一直读到了高中——在那个年代，这是非常了不起的事情。但后来，由于政策的影响，她没能继续学业，这也成为母亲一辈子最大的遗憾。但是，母亲十分明白学习的重要性，懂得"知识改变命运"的道理。在参加工作之后，母亲仍然严格要求自己，在机械厂工作的同时自学了会计，最终拿到会计证，被调到国家粮库储蓄所工作。

不过在那时，遵守规矩的压抑感时常充斥在小王亮的内心里，学习的"苦涩"也渲染了王亮的整个童年。但妈妈的严格要求使王亮非常出色。长大后的王亮，十分感谢母亲对他的严格要求和谆谆教诲，明白母亲对他深沉的爱，童年中的"苦"在悄然中转变为"甜"。

言传身教的爸爸

在王亮的童年记忆中，父亲总是笑眯眯的，不善言辞的他总是用自己的实际行动来教导王亮。父亲深沉的爱，也是王亮童年时期不可或缺的"甜"。

王亮的父亲是一名机修车间的技术能手，对电路检查、设备维修等工作都驾轻就熟。不仅如此，家中大大小小的"麻烦"父亲也能轻松解决，比如修理出了故障的缝纫机、收音机、水管等。父亲在小王亮眼中是超级英雄，是万能的修理工。

在王亮的印象中，小时候家里没买过拖把，用的都是"爸爸牌"拖把。家中的灯泡或者水管坏了，也从来没有找人修过，都是爸爸亲自上阵修理好。爸爸会拎着他的小铁箱，蹲在水管旁边找问题。小小的铁箱里，塞满了各种工具，有螺丝刀、扳手、钳子……爸爸修理水管时，小王亮会学着爸爸的样子蹲在一旁察看水管，时不时摸一摸水管，一副深思熟虑的样子，仿佛下一秒，他就能比爸爸提前想出修理水管的方法。这个场面特别有趣，妈妈从旁边路过时，会被这一大一小两个人逗得哈哈大笑。王亮看着父亲熟练地从工具箱里找出工具，然后拧螺丝，再找出黑色橡胶皮带缠塑料管。看得无聊了，王亮就开始捣乱，他一会儿从工具箱里拿出一把螺丝刀玩儿，一会儿又拿出小锤子，在一旁敲敲地板，一会儿又轻轻地往爸爸身上锤几下。爸爸看着乐在其中的王亮，只是宠溺地笑笑，从不生气。爸爸在工作之余，会在家帮别人修理家具补贴家用，每次小王亮都会在旁边凑热闹，时不时帮爸爸拿工具，爸爸也会手把手地教王亮拧螺丝钉。爸爸从不阻止小王亮在他干活儿的地方玩耍，小王亮也从不觉得陪爸爸干活儿是件无聊的事，父子俩都乐在其中。

小时候，一有亲戚朋友到家里做客，王亮就一定会拉着他们去看自己家的窗帘，为的是炫耀自己爸爸的杰作。其实，窗帘本身并没有什么机关，让人意想不到的是窗帘的开合方法。王亮家的窗帘经过爸爸的设计，用一根绳子连接窗帘杆，轻轻拉动绳子能达到控制窗帘开合的目的。而普通人家的窗帘，都是需要用手拉开的。在小王亮的眼中，自己家的窗帘与别人家的相比，是多么与众不同！当客人们夸奖爸爸设计的窗帘既美观又使用方便的时候，王亮会自豪地说："看那个纱窗，也是我爸爸亲手做的呢！"

爸爸每天敲敲打打，潜移默化中影响了王亮。看着爸爸修理家具，他也忍不住手痒痒，开始"修理"起自己的玩具来。把玩具拆解后，王亮还会兴致勃勃地研究怎样才能恢复原状，可结果往往不尽如人意，玩具惨遭他的"毒手"后，大多数都不能恢复原状，"缺胳膊少腿"是王亮玩具的常态。但也正在这个过程

⊙ 1989年5月，王亮（左）跟随父母到山东济宁峄山游玩

中，王亮极强的动手能力渐渐地培养出来了。生活中每当王亮遇到困难，比如自行车车链掉了、车筐坏了，他都自己想办法解决。

爸爸对王亮的言传身教，对以后王亮走上劳模之路具有积极的影响。

家属院里的快乐时光

王亮父亲的单位枣庄第一棉纺织厂是20世纪60年代青岛国棉一厂援建的三线厂，也是枣庄纺织业的龙头，当地人通常会称其为"国棉厂"。作为重点企业，国棉厂与当时全国很多大型国有企业一样，建设了许多服务于工人的附属机构，如幼儿园、小学、食堂、诊所等，这种形式也被当时的人称为"企业办社会"。王亮一家就生活在工厂的家属院里，妈妈常常打趣道："工厂是个麻雀虽小，但五脏俱全的好地方。"王亮跟家人一起在枣庄国棉厂里度过了他美好的童年。

在家属院里，有许多和王亮年纪相仿的孩子。孩子们一起上幼儿园，在幼儿园中哭闹着抢玩具；一起上小学，在校园里恣意地玩闹；一起在炎热的夏季，跑到澡堂子里冲凉玩耍……王亮与这些小伙伴们一起渐渐长大。

　　在王亮的记忆中，骑自行车比赛是当时小伙伴们最为热衷的游戏。不知道从什么时候开始，也忘记了是哪个小调皮鬼带的头，家属院里的小孩儿都迷上了骑自行车。一开始，大家还只是互相学习，偶尔会比一比谁骑得快，但不知道从什么时候开始，孩子们竟然比起谁的技术更好。有人单手扶把骑、有人"大撒把"……他们有时会使路过的大人吓出一身冷汗。

　　王亮刚开始的时候对学习骑自行车是心存畏惧的，他战战兢兢地坐上车座后，发现自己因为腿不够长，碰不到脚踏板。不仅如此，小伙伴们初次尝试骑自行车时不小心摔下来的画面会不时出现在他的脑海中，摔下来的这些小朋友，有的胳膊和腿擦破了皮，有的流了血，还有的腿摔断了，很长时间都恢复不了，这些都给王亮留下了深刻的印象。虽然害怕，可王亮还是羡慕会骑自行车的小伙伴们，更渴望能够加入他们的队伍，便一直吃力地推着自行车追着小伙伴们跑。小伙伴们越骑越快，王亮渐渐落在了后面，一个平时同王亮玩儿得很好的朋友说："亮子，你咋还推着？快骑上来，我们走啊！"王亮支支吾吾却大声地对小伙伴说："你们……你们先走吧，我随后就到。"几个孩子便一溜烟儿骑得不见踪影了。

　　王亮看着手上推着的自行车，自行车在他的眼里，是那么高。王亮又小心地尝试骑上自行车，想蹬两圈，可是，撑在地上的两只脚，始终没有勇气蹬上脚踏板，不一会儿他就泄了气。看着路上已经不见了的小伙伴，王亮心里很难过，一种挫败感涌上心头。他把自行车放到一边，自己也坐在地上，内心挣扎，到底还学不学呢？就在这个时候，那个平日里与王亮关系最好的小伙伴竟然一个人骑着自行车回来了，看着王亮的样子，他说："咱们一起尝试着骑吧，慢慢来，我教你。"王亮低着头说："我身高不够，不敢骑上去。"朋友鼓励他说："没关系的，尝试一下，你看我，不需要坐在车座上，你就跳上自行车，接着双脚快速蹬起来，就能骑走了。"

王亮露出了笑容，说："嗯，那我试试看。"于是，他在朋友的鼓励下，开始尝试起来。他暗下决心，勇敢地跨上自行车，一只脚蹬了半圈，另一只脚赶紧跟上踩起脚踏板。他摇摇晃晃地骑了一小段路后，逐渐掌握了技巧，赶忙回头叫看着他的朋友，说："走啊，我学会了。"

朋友看着王亮刚开始骑自行车摇摇晃晃的模样哈哈大笑，但也应了句"来了"。他们俩越骑越快，慢慢地，王亮感受到风在耳边呼啦呼啦地响，迎面而来的空气都是新鲜香甜的，心里开心极了。

从此以后，小王亮对骑自行车越发感兴趣。不久后，他还开始学骑带有大梁的"二八"自行车，因为不够高，他便尝试把腿从横梁下伸到另一边蹬脚踏板，斜着身子骑。这种看似炫酷实际危险的骑法让当时好多小伙伴竞相模仿，王亮也逐渐成了这群孩子当中车技最好的一个。

从学骑自行车这件小事中，王亮明白了一个道理：无论什么事情，都要有不怕摔、不怕疼的精神，要敢于尝试，只有这样才能战胜困难。

漫漫求学路

　　王亮父亲的工作单位枣庄国棉厂里有配套的幼儿园和小学，小王亮顺理成章地在工厂附属小学上学。但到了三年级时，王亮母亲想让儿子接受更高质量的教育，于是将他转学至市里的小学就读，同时，为了上学方便，一家人也从郊区搬到了市里居住。

　　对于转学，小王亮是一百个不愿意的，工厂家属院是自己最熟悉的地方，又有从小玩儿到大的小伙伴，他舍不得离开。但是没有办法，他拗不过妈妈，只能怀着不舍的心情离开了工厂家属院，转到了枣庄市光明路小学就读。但与新同学刚刚熟悉没有多久，小王亮就不得不再次转学。因为政策的变化，小王亮需要转入所在区内的学校就读，这样他不得不又转入了新学校——逸夫小学。每到一个新学校，小王亮都会主动去尝试认识新的朋友，慢慢融入新的班级。这样"曲折"的求学经历，让小王亮练就了能很快适应新环境的本领。

　　少年初长成，一转眼，王亮小学毕业了。经过六年的努力学习，王亮顺利升入枣庄市第三十中学，继续他的求学之旅。在初中期间，王亮虽然一直在努力学习，但学习成绩始终不拔尖，在班里处于中等水平。三年时光转瞬即逝，初中毕业后，王亮根据自己的学习成绩，报考了枣庄市第十六中学。

进入高中后，王亮尤其喜欢物理、化学这两门学科。用他的话来说就是："做这两科的题目一点儿都不像是在写作业，而是像在破案，自己仿佛是个大侦探，能一步步慢慢地推导出'案情'，找出正确的破解方法。这是很让人有成就感的一件事！"王亮除了物理、化学成绩优异，语文、数学等其他学科的成绩也都很好，唯一让王亮感觉到困难的就是英语。

王亮的妈妈对他的英语成绩十分担忧，她怕儿子考不上大学，所以尽自己最大的努力给王亮提供学习条件。每次王亮一说要买学习资料时，父母都会很爽快地给钱，五十元、一百元，只要是购买学习用品，父母就会毫不吝啬。要知道，在20世纪90年代，王亮父母两人每月的工资加起来还不到一千块钱。

就这样，王亮在忙碌的学习中度过了三年高中生活，迎来了人生中的一件大事——高考。

当时大学还未开始扩招，王亮所在的枣庄市第十六中学之前几届升学率都不理想。不过，到王亮这届时，情况有所好转，学校新换了一位领导，对学校的教育工作抓得很紧，老师们也都很负责。在这样的氛围下，学生们都很努力，与王亮同届的四个班的学生，都考出了不错的成绩。王亮也顺利进入了山东科技大学，开启了人生旅途的新篇章。

⊙ 上图　1991年4月，王亮和父母到峄城区青檀寺游玩
⊙ 下图　1999年，王亮（左二）和爷爷、奶奶、姑姑在山东枣庄文化四
　　村小区花园合影

第二章　少年负壮气，奋烈自有时

扫码解锁

◉群英颂歌◉匠心追梦
◉技能报国◉奋斗底色

少年迷茫总徘徊

2000年9月，王亮进入山东科技大学工程学院学习，专业是机电一体化。与刚刚踏入大学的青年学子一样，王亮对自己即将开始的大学生活充满着美好的憧憬，他希望自己能在大学阶段有所收获。

但是，经过一段时间的学习以后，王亮刚入学时的激动和期待逐渐消失，他武断地认为自己对被调剂到的机电一体化专业没有兴趣。与此同时，令王亮感到不满意的还有学校的地理位置。当时，王亮所在的山东科技大学西校区，地理位置较为偏远，环境和条件也远远不及他理想中的大学。在这样的情况下，王亮心中十分苦闷，萌生了回家复读、重新高考的想法。

妈妈在得知王亮的想法后，认为复读并不是一个好的选择。她希望儿子能尽快适应大学生活，静下心来，好好读书。但妈妈的劝说效果甚微，这时的王亮对自己未来生活的期待更多的是一种理想化的想象，他觉得自己不应该在这个偏僻的校区里过着无聊且看不到希望的大学生活，他应该去见识更加广阔的世界。

烦躁、迷茫……这些不安的情绪每天都困扰着他。经过再三纠结，王亮决定和父母好好地谈一次，希望父母可以同意自己回去复读，或者帮自己找到更好的解决问题的方法。

在了解儿子的想法后，父母把王亮叫回家，一家人进行了一次正式的谈话。他们没有再把王亮当成小孩子，而是把他当成一个成年人；他们不再单方面教导王亮，而是和王亮一起认真分析现阶段的情况。

父亲一改往日里的慈祥，表情严肃地对王亮说："孩子，爸爸妈妈都很尊重你。但是，人并不是一直可以按照自己的想法生活的，如果想一出是一出，什么事都做不成。你对现在的大学不满意，我和你妈也知道，但我给出的建议是，你应该学会适应，儿子，这个大学也是你辛辛苦苦考上的。"

母亲也说道："儿子，复读确实是一条路，但不见得就好走，不说复读的时候你有多苦，单看结果，我们就能确定你复读之后成绩会变得更好吗？你就能去想去的地方吗？是金子在哪里都会发光，学校不会影响你未来的发展。我和你爸爸的想法我们已经告诉你了，希望你再好好考虑一下。"

王亮若有所思地点点头："我知道了。"

这次谈话并没有消除王亮内心的困惑，反而使他变得更加烦躁。但与此同时，他也意识到，自己复读的念头确实是头脑一热想出来的，他也无法保证重新来一次就能获得更好的结果，但他还是心存不甘，认为未来在这所他处处不满意的大学，前途将会一片灰暗。这时，大学辅导员召开的一次班会，让王亮躁动的心开始平静下来。

一次意义非凡的班会

　　王亮在大学被分到机电一体化专业001班学习，辅导员是一位名叫陈绘兵的老师。他不仅是一名大学老师，还是一位美术家。陈老师是一位工作非常认真负责的老师，他有一套自己的工作方法。陈老师不仅关心同学们的学习情况，还时刻关注着同学们的心理变化。

　　第一次开班会时，陈绘兵老师在宣读完学校的各项通知和班级管理条例后，便与同学们谈起心来，告诉他们如何适应大学生活、如何走好人生这关键的一步。王亮坐在座位上发呆，脑子里还在纠结是否要回家复读，突然被班级里一阵哄笑声打断，王亮这时才抬头看向陈绘兵老师，听到陈老师正在绘声绘色地与同学们开玩笑："升本、入党、拿奖学金，哪怕是谈恋爱，大家也至少要完成一项，才不枉上一次大学啊。"陈老师开放的思想、恳切的态度、幽默的话语，让王亮开始认真地思考未来的路该怎么走。

　　这次班会对刚进入大学的王亮产生了深刻的影响。陈老师对生活积极的态度、看待问题的视野和角度，还有处理班级问题的方法都很独特，让王亮对当下的大学生活有了新的思考和认识。

班会结束后，王亮想了很多，最后他下定决心，要让自己三年的大学生活充实而有意义。他在心里默默地想：如陈老师所说的，不能白上一次大学，我要先给自己定个拿奖学金的小目标。

从那以后，王亮决定沉下心来，开始调整自己的状态，扎根机电一体化专业，努力用知识充实自己。

在辅导员和父母的帮助下，王亮逐渐适应了大学生活，他尊敬陈绘兵老师，也喜欢自己所在的班集体，他觉得同学们都如此可爱，学校食堂的饭菜特别可口……改变想法后，原本在王亮眼中枯燥乏味的专业课都变得有意思起来。

在三年大学时光里，王亮认真听每一节课。他发现，学院的每一位任课老师工作都非常认真负责，一丝不苟，而且十分关心学生。在课堂上，王亮学到了许多知识。可能是从小在工厂家属院里长大的缘故，王亮对课程中的制图、液压、电力拖动等内容都倍感熟悉，在学习的过程中他也慢慢地喜欢上了这个专业，不自觉地对机电一体化产生了浓厚的兴趣，大二时还拿了两次奖学金。王亮在好好学习的同时也不忘为班级做贡献。虽然他不是班干部，但班里一有需要帮忙的活动，王亮总是第一个报名。同学们都很喜欢王亮，知道他篮球打得很棒，而且学习成绩很好，乐于助人，办事细心周到，为人正直。与此同时，王亮在大学中也有了许多意外的收获……

⊙ 2002年冬，王亮在山东科技大学工程学院教学楼前

篮球场里的大学生活

适应大学生活没多久，王亮就发现班里不少男同学都和他一样，很喜欢体育运动，他便召集、组织大家一起锻炼。在体育运动中，王亮与同学们慢慢地熟悉起来。周大川、王矛庵、刘长忠、陈国茂、张海军、范增勇都成了王亮的好兄弟，他们也一起成为班里的"体育健将"。

在所有体育运动中，王亮最喜欢的是篮球。也正因为这一点，他十分喜欢看《灌篮高手》这部动漫，其中，他最喜欢赤木刚宪这一人物形象。赤木刚宪身上闪耀着王亮一直追求的坚持和执着，王亮一直希望自己能成为赤木刚宪那样的人，不仅篮球技术高超，还能够坚守初心，勇往直前，实现自己的人生价值。

大学军训结束后，学校组织篮球比赛。王亮所在的机电一体化001班，男生居多，其中喜欢打篮球的同学也不在少数，大家都积极踊跃地报名，王亮也不例外。

由于报名人数过多，大家经过一致商讨，决定先在班里举行一次小小的选拔赛，并借此机会分出主力和替补队员。

在选拔赛中，王亮凭借精准的投篮技术，成功入选主力阵容。

001班所组建的篮球队，虽然说队员都是选拔而来的，但水平参差不齐，甚至有的队员连最基本的控球都不熟练，更别说传球等更高难度的动作了。球队里除了队长周大川外，大家打篮球的水平都一般——平日大家仅仅把打篮球当作娱乐活动，并没有正式训练过，也没有参加过正式比赛，所以很多人对比赛的规则也不甚清楚。这样一支球队自然会遇到许多困难。

大家刚开始练习的时候，连传球都不知道往哪传，负责跑位的同学跑得晕头转向，不知道该如何传球给队友，防守的队员总是搞不清职责，拿到篮球后下意识地跑去投篮，根本做不出有效的防守。

针对这种情况，队长周大川在做了认真的思考和分析后，决定采用联防加快攻的战术：三个人守住三秒区，尽量不让对手靠近，接着不断寻找机会，一旦拿到篮球就迅速往前场传球，外线的两个人配合接球、投篮，形成快攻。

就这样，经过短暂的磨合后，队员们走上了赛场。

"加油，加油，机电一体001——加油！"随着一声声的加油口号，第一场比赛开始了。

这是王亮第一次参加正规的篮球比赛，旁边还有一群人围观，说不紧张肯定是假的。王亮感觉自己像是动物园里的珍稀动物，腼腆的他连走路姿势看起来都格外别扭。

王亮发现，紧张的不只有他，一个平时运球总会脱手的同学，望着赛场，紧紧地攥着拳头，看上去分外严肃。

王亮发现后，故意开玩笑安慰他说："马上到球场了，咱们都加油，只管往前冲，别的不用考虑，管他的呢！"

这名同学听到王亮的话后，说："我……我害怕自己运球脱了手，给咱们队拖后腿，要不让替补队员上吧！"

王亮继续说："那哪行？咱们都是一个队的，没有谁拖后腿一说，我相信你，兄弟。"

一旁的队长周大川听到了，接着王亮的话说："就是，我们都相信你。再说咱们一起练了那么久，默契都培养出来了，干吗要叫替补队员啊！大家说说，谁想换人啊？反正我是第一个不同意。"

"我也不同意""我也是"，大家都热闹地说。

大家就这样热闹着候场，此时上场的提示音响起，队长伸出手问："大家有没有信心？"

其他的球员都把手依次搭在队长手上，边搭边高声喊道："有！"

最后，大家一起把手掌散开，昂首挺胸地上了赛场。

随着一声口哨响起，裁判在中场开球了。只见队长一跃而起，成功抢到首球。在赛场上，王亮精神高度集中，全身心投入。因为开局就先抢到球，球队士气高涨，配合使用平时练习的战术，打得对方措手不及。

王亮处在篮球场的外线区域。在球场上，他眼里只有篮球以及对手球员。他在盯防对手的同时，还配合队友进攻，根本听不见旁边同学的欢呼声和呐喊声。时间在王亮与对手的一次次激烈交锋中悄然流逝，不一会儿，上半场就结束了。

中场休息时，队长高兴地跟队员们说："这场没什么大问题，只要下半场大家正常发挥就行了。现在就已经稳了，不过，大家千万也别骄傲，大意失荆州啊。"

眼看着队长又要啰唆起来，大家连忙说道："好啦，队长，我们都明白。"

下半场开始了。

因为上半场的比分已经占了比较大的优势，王亮心中也没有那么紧张了，篮球传到手上，他开始熟练地进攻投篮。投中了！观众发出热烈的欢呼，都不禁鼓起掌来。王亮自信心爆表，他在球场中移动快攻，换位快攻，势如破竹，一连投中了两三个球。

这场比赛，王亮所在的球队最终获得了胜利。之后，他们又在后续的几场比赛中越战越勇，获得院赛第一名，成功晋级校赛。

在院赛中，队长周大川发现王亮在投篮方面有天赋，便在此后的训练中，安排他加强练习跳投等高难度的投篮动作。球队的其他队员也都努力训练，大家都想在校赛中也拿到好成绩。王亮投篮准、命中率高，队长又给王亮安排了新的任务，让他在比赛中多拿球，多投篮，并让队员们拿到球后尽量都传给王亮。队员们的信任，让王亮感到自己责任重大，在训练的过程中更加刻苦。

校赛开始了。

与院赛截然不同，校赛的队伍都是从各个院系选拔出来的，每支球队的水平都很高。

机电一体化001班在第一场比赛中遇到的就是一支老生队，这支队伍是上届校赛的亚军。

上场时，王亮和队友们的心里都七上八下的，就连一向镇定自若的队长都显得有些忐忑不安。不过，大家还是互相鼓励加油，走上了赛场。

老生队实力很强，比赛一开始，节奏就很快，他们完全占据了比赛的主导权。王亮和队友们开始显现出不适应，频频出错失分。赛前定好的"联防+快攻"的战术，此时已经完全派不上用场，整支球队的节奏被打乱，队员们都手忙脚乱的。有两三次，王亮好不容易接到球，却因状态不佳而没有投中。

虽然队友们都没有指责王亮，可王亮内心充满自责，他害怕自己辜负队友的期望。这样的想法在王亮脑中一闪而过后，他不敢再投球，即便接到球也会想办法立即交给队友。平时比赛，王亮都觉得时间飞快，唯独这次比赛的上半场，王亮觉得它如此漫长而又难熬。

好不容易到中场休息时间，队员们围在一起，低落的情绪弥漫在队伍中。

队长周大川看了看沮丧的王亮，开始鼓励王亮并和大家一起分析目前的形势。

周大川拍拍王亮的肩膀："等下半场开始，你就勇敢地投，中不中我们都不怪你，别有心理负担。还有，大家都别气馁，这次对手的实力确实很强，但我们也不差，没让他们比咱高出多少分，下半场好好打，我们一起逆风翻盘。"

听着队长的鼓励，大家脸上开始露出笑容，继而讨论起上半场失误的原因和下半场的对策。

王亮突然说："队长，我们上半场之所以失利是因为我们节奏乱了，我们最拿手的联防快攻战术根本没有发挥出来。"

经王亮这么一说，大家恍然大悟。他们一开始被对方的强攻搞乱了心态，开场时手忙脚乱，忘记了自家的战术，导致越打心态越差，自然失分就越多，大家决定回到场上先从执行球队的战术做起。

下半场开始，王亮和队友们逐渐找回状态，"联防+快攻"战术也得到了贯彻。对手因为上半场的优势，下半场一上场便显出一种轻慢的态度。此时，王亮和队友们开始爆发，让对手始料未及。

队友把球传给王亮，王亮拿着球，来不及多想什么，凭着训练时的手感，把球向球筐里投去。"投中了，哇！"不知道是谁喊了一句，队友们都高兴得蹦了起来，这是一个十分漂亮的三分球。这个球不仅缩小了两队之间的比分差距，还极大地鼓舞了队友们的士气。

经验丰富的队长果断叫了一个暂停，对大家说："现在王亮兴奋起来了，咱们负责传球的队员拿到球之后尽量传给王亮，还有负责联防的队员，注意对面补篮的同时也帮王亮挡人，给他创造投篮机会。"

队长继而又转头对王亮说："你就跑位接球，放心大胆地投篮。"

比赛再次开始后，队员们不是帮王亮传球，就是帮他拦截对手，王亮自信地在赛场上来回奔跑，接到球后立即找机会投篮。整支球队慢慢地找回了状态，大家配合默契，王亮的投篮比平时练习时还要精准，而这一切都给对手造成了极大的压力，他们明显地慌了神。

这一场篮球比赛，王亮一个人获得了全队三分之一的分数，是本场比赛里名副其实的得分王。王亮在高兴的同时，也没有骄傲，反而在队员夸奖他时说："都是大家的功劳，要是没有大家为我传球挡人，我哪有这么多的机会？都是大家配合得好。"

这场球赛之后，王亮也找到了他在球队里的定位：射手型的后卫。王亮也因此更加喜爱篮球。

在此后的三年时光里，王亮通过打篮球，认识了许多朋友，也在打球的过程中明白了许多道理，他懂得了团队凝聚力的重要性，认识到集体力量的强大。

王亮十分敬佩篮球队的队长周大川。他个头高，打篮球有优势，球技也是队里最棒的。但是他却甘为绿草，默默担负起控球的职责，为其他队友创造投篮得分的条件。当球队士气低迷时，周大川才展现自身实力，单打对手。王亮和其他队员都明白，正是因为队长的这种奉献精神和大局意识，他们才会不断赢球。

王亮上大学之前，在家受母亲的严格管教，性格比较内向，交际能力较差，而打篮球这项体育运动不仅使王亮的身体变得更加强壮，还使王亮的性格变得更加自信、乐观和开朗。

依依不舍同窗情

一眨眼，大学三年就过去了，到了王亮与同窗好友挥手道别的时候。

机电一体化001班一共32人，大家在一起生活了三年。班里的同学们都如同兄弟姐妹一般，上课一起学习，下课一起参加各种活动。一人有事，全班帮忙。王亮记得在某次篮球赛中，他不慎摔倒昏迷，等到他再醒来时，天早已黑了，但周大川、王矛庵等同学一直在医院照顾他，等他醒来后，才换班去吃饭。那天，王亮在心中对友情有了更深刻的体会。

毕业前夕，陈老师组织同学们回到班里开最后一次班会。陈老师非常舍不得001班的同学们，开完班会后，主动拥抱班级里的每一位同学并与大家告别，轮到王亮时，他脑海中浮现出第一次开班会的情景——他给自己定的拿奖学金的目标也如愿实现。

陈老师与大家告别后就走出了教室，把时间留给将要分别的同学们。

同学们围坐在一起，说着话，聊着天，回想大学三年来的趣事。王亮正在一旁想着自己的心事，突然被班长的声音打断："反正，大家以后无论去哪里、去做什么工作，都要记得我们机电一体化001班！"王亮与其他同学都笑着赞同，并约定好十年后再见。

在略带伤感的情绪里，大学三年以来的班级集体活动逐渐在王亮脑海中浮现。

王亮印象最深刻的一次班级集体活动便是爬山：全班同学在陈绘兵老师的带领下，一起去攀登傲徕峰。当时陈老师带领同学从傲徕峰后山攀登，后山道路崎岖，大家爬起来都很吃力。全班同学在爬山过程中互相帮助，一起克服困难，无一人掉队。最后成功登顶时，有的同学激动得不禁在山顶大声地呐喊。站在山顶，俯瞰着美丽的自然风光，王亮感觉神清气爽，爬山的疲劳感被山顶的阵阵微风带走。这次爬山的经历让王亮认识到"世上无难事，只要肯登攀"的道理。与来自五湖四海的同学们因缘而聚，并肩同行攀登傲徕峰，让王亮感受到前所未有的归属感，意识到班级凝聚力的重要性。

第二天，大家开始收拾行李，依依不舍地离开了学校。王亮离开的时候，是班长龚志刚送他去车站的。龚志刚是王亮宿舍里

⊙ 2002年，王亮参加大学班级组织的登山活动，登顶傲徕峰

的"老大"，是个非常热心的人，平时像个老大哥一样关心同学。龚志刚家在青岛，是班级里离家最远的学生，但毕业时他坚持把每位同学都送走之后，才离开学校。王亮陪着他把同学们都送走后，龚志刚也把王亮送到汽车站，他们俩在车站前抱了抱，却说不出什么话来。

车开动了，王亮透过车窗看着湛蓝的天空。三年时光悄然飞逝，刚入学的情景仿佛就在昨天。他曾想着毕业遥遥无期，转眼间却要与同学们各奔东西，心中不禁泛起一阵淡淡的离别伤感。带着万分不舍的心情，王亮畅想，自己的大学生活结束了，未来的路正在等着自己！

第三章　知不足而奋进，望远山而力行

扫码解锁

◉群英颂歌◉匠心追梦
◉技能报国◉奋斗底色

浑浑噩噩的待业期

2003年，王亮毕业离校后，准备先回到山东老家休整几天，再出门找工作。带着这样的想法，王亮坐上了回家的汽车。

"爸，妈，我回来啦！"一进家中的大门，王亮就冲屋里喊。

王亮的父母知道儿子这天回来，两人都在厨房里忙活，准备了一桌子王亮爱吃的菜，给他接风洗尘。

妈妈听到王亮的声音后，连忙从厨房里出来说："好，好，回来了，快去把行李放屋里，收拾收拾，再等一会儿就能吃饭了，做的都是你爱吃的呢。"

已有半年未见，妈妈从这天早上便期盼着王亮回来，现在见了面，十分高兴，脸上已经笑开了花。爸爸脸上也带着藏不住的喜悦，从儿子手中接过行李箱，领着王亮往屋里走，边走边催促王亮妈妈赶快做饭。

饭桌上摆着的几个家常小菜，都是平日里王亮打电话时说过想吃的菜。吃饭的时候，一家人其乐融融。王亮向父母讲述学校里的趣事，忽然，他想到了一件"大事"。

王亮连忙兴致勃勃地对父母说："我过几天想去南方，我有个同学在那里有亲戚，我们俩商量着一起去他亲戚的厂里干活儿，他亲戚能给我们不错的薪资待遇，还承诺我们干一段时间就提拔我们当领导呢。"

令王亮意想不到的是，爸爸妈妈听了他的话，都不支持他去南方。

妈妈说："你工作的事情不用着急，我们帮你物色了一个。南方离咱们家太远了，我不放心，害怕你出去以后会吃亏栽跟头。"

爸爸看出王亮对他们的反应很是不解，想了想，继续问道："你同学说的具体是南方哪个城市？做什么工作，一个月给多少钱？"

这可把王亮给问蒙了，他还没来得及考虑那么多，只跟同学约定好一起去南方。具体的情况，他也没向同学细问，他只知道自己去了南方会在一个工厂从事机电一体化方面的工作，正好与自己所学的专业对口，薪资待遇也不错。王亮觉得离家远没什么问题，他自己可以在外生活，积累下来的生活经验和工作经验也能让自己迅速成长。

王亮没能给出令父母信服的说法，去南方工作这件事由于父母极力反对，最后不了了之，王亮没能去成。

后来，父母为他物色了新的工作，但还在生气的王亮选择了不去应聘。

在家待了两个星期后，听说身边的朋友都已经找到了工作，无聊和焦虑萦绕在王亮的心头，在家待业的日子他是一天也过不下去了，王亮开始着手找工作。

他先去参加了当地人才市场的招聘会，向正在进行招聘的工厂投简历，可因为错过了应届毕业生招聘，又没有相关工作经验，投出的简历都石沉大海，一时没有消息。

这段时间，王亮成了待业青年和"啃老族"，每天在家无所事事，要么出去溜达，要么去图书馆看书，日子无聊而又难熬。在这期间，王亮还在父母的建议下，参加了公务员和事业单位招聘考试，但结果不尽如人意，都以失败告终。

王亮在屡次求职碰壁的过程中，逐渐认识到自己能力的不足，他不再盲目自大，而是沉下心来，认真总结自己求职失败的原因，找到自己的不足之处，积累经验，他下决心要找到一个适合自己的工作岗位。

后来，王亮回想起那段迷茫而又颓废的日子，颇为后悔，觉得既对不起父母，又浪费了光阴。去南方的那位同学，没过多久也回老家了，事实证明，父母的顾虑是对的。在找工作不断碰壁的时间里，王亮也后悔一开始没有去父母推荐的工作岗位试一试。但王亮想，人生这辈子有太多的机遇，现阶段已取得的成绩也令自己和家人感到满意。"目前还不算有负此生"，这是他对自己的评价。

进入滕州威达机床厂

王亮一直在不断地参加各种招聘会，终于，机缘巧合之下，2004年8月的一天，他接到了枣庄高新区机床厂负责人朱元总经理的电话。

朱总在电话里告诉王亮，他在人才市场里看到了王亮的简历，认为王亮的条件和他们公司的需求相符合，如果王亮感兴趣的话，可以先来面试。

接到面试通知时，渴望工作机会的王亮却犹豫起来。原来，王亮的母亲当时身体不适正在住院接受治疗，王亮在医院里照顾母亲。他一方面不忍错过这个来之不易的面试机会，另一方面又担心会因此耽误对母亲的照顾。王亮的父母了解这一情况后，都觉得王亮应该先去面试，鼓励他以找工作为重。

爸爸为了让王亮放心，对他说："儿子，你先去面试，如果合适，你就放心地去上班，你妈这边我来照顾。而且你妈妈的病也快好了，过些日子就能出院了。"

王亮带着父母的鼓励与期盼，来到与朱总的约定地点——高新区管理委员会威能筹备处办公室，进行面试。

朱总是一位和蔼可亲的领导，面试过程让王亮觉得自己是在和久违的朋友聊天。王亮介绍完自己后，朱总亲切地表示他对王亮各方面条件都很满意，接着向王亮介绍公司目前的情况：他们正在枣庄高新区建设新厂，需要招聘电气工程师，但新厂还未彻底完工，新来的员工需要去滕州老工厂上班，一个月实习工资八百元。朱总说完后，让王亮回家考虑一下，如果没有问题，过两天就可以去老工厂那边报到实习。

王亮回到家后，开始思考起来。滕州的老工厂离家较远，一个星期只能回家一次，而且实习工资才八百元，这在当时的市场中属于比较低的薪资水平。这次，王亮又去询问父母的意见，父母表示让他自己拿主意。经过深思熟虑后，他决定去滕州试一试，这时的王亮还没意识到他做出的这个决定对于他的一生来说是多么重要。2004年9月的一天，王亮到达滕州威达机床厂，开启了他的机床制造生涯。

刚进入机床厂时，车间的工作对于王亮来说既新鲜又陌生，让他有一种手足无措感。

幸运的是，王亮碰到了一名科大的同学，名叫陈宇，在大学里和王亮还是一个系的，都是2000级机电一体化专业的，两人虽然不在一个班，却有许多共同的朋友。陈宇比王亮早半年进公司，目前在威达机床厂的车间担任技术人员。

陈宇是个热心肠的人，王亮刚到工厂的第一天，便是陈宇负责迎接的。陈宇上午把王亮带到宿舍，让他先休息，说下午再带他熟悉工厂，希望他能尽快融入威达机床厂这个大家庭。陈宇的细心安排让王亮一来到工厂就感受到了浓浓的暖意。下午，陈宇带领王亮参观工厂，熟悉工厂的各个部门，在此期间，王亮与陈宇相谈甚欢。到晚上的时候，陈宇请王亮去工厂门口的小饭店吃饭，两个人在一起端着啤酒杯回忆大学的快乐时光。陈宇老大哥般的关怀，让刚来到陌生环境的王亮感到很温暖，也很踏实。接下来的日子，王亮在陈宇的帮助下，很快适应了工厂的实习工作。

忙碌的实习期

王亮进入工厂后，先是被分配到装配车间实习，后来又到配电工段实习。作为一名新人，无论在哪个部门实习，他能做的工作都太少，所以工作总体来说比较轻松。但王亮并不愿意如此轻松。他想：复杂的工作干不好没关系，可以先尝试做一些力所能及的事，能力欠缺不能成为偷懒的借口。

技术含量高的工作王亮无法帮忙，于是他就尽可能多做些体力活儿。空闲的时候，王亮主动帮师傅们拿机器零件，搬车刀和钻头等机床加工时需要的工具。王亮也喜欢在老师傅们闲暇的时候，凑上去请教自己在工作中不懂的问题。比如，他看到机床加

⊙ 上图　2004年，王亮在山东滕州威达机床厂技术部实习
⊙ 下图　2004年，王亮赴京参观机床展览会后游览北京

工出的产品圆弧效果不理想，自己思考无果之后，就会去向老师傅请教，这是什么原因导致的呢？为什么尺寸不到位呢？是因为参数设置不合理，还是有其他原因？

滕州威达机床厂是一家破产拍卖后重新恢复生产的企业，再就业的职工非常珍惜这次工作机会，员工们都干劲儿十足。工厂里良好的工作氛围，深深地感染着王亮他们这一批实习生。老员工们十分敬业，在工作中认真负责。新来的实习生也兢兢业业，从不偷懒，办错事后从来不推卸责任，被安排去完成不同强度的工作任务也不斤斤计较，大家互帮互助，共同进步。

在车间内，王亮经常看到工人和设计人员一起讨论问题，商量着图纸如何设计，才能提高工作效率；机床怎样进行组装，才能提升产品的质量。在王亮的印象中，那时的威达机床厂规模虽小，但工作氛围很好，员工之间、上下级之间相处融洽，大家劲儿往一处使，工厂每个月的产值都在增长，呈现出一派欣欣向荣的景象。

车间的工作十分辛苦，每天都有大量订单，老员工们需要加班加点地赶任务。王亮身为一名实习生，按理说不用和正式员工一块儿加班，可他却不愿意独自去休息。他认为自己也是工厂里的一分子，也应该和大家一样加班。甚至，王亮每天都最后一个离开车间，第二天又是最早来到车间的人。王亮每天下班后，会把大家使用过的工检量具收拾好，进行整理后分类归位。第二天一早，王亮来到后先把车间设备检查一遍，接着将卫生打扫干净，接好热水，等工人们来到车间后直接开始工作，不用再担心琐事。之所以做这些事，王亮并不是想表现自己，他只是单纯地喜欢工厂内大家一起做事的氛围，享受为大家服务而获得的满足感，想在集体里奉献自己的力量。

王亮刚了解机床厂的工作时，对自己未来继续从事这个行业的决心并不坚定。王亮最初的想法是：自从来到威达机床厂，虽然每天的工作使他身体上很疲惫，但充实的生活使他在心理上得到了满足。与在家闲着无事可做形成了鲜明的对比，当前的充实让他感受到幸福和快乐。王亮吃苦耐劳的品质被车间的每个工人看在眼里，工厂里的老师傅十分欣赏王亮这个踏实肯干的小伙子。在工作中，他们渐渐地主动给王亮讲起机床工作原理，例如传送原理，还有装配技巧之类的，都是非常实用的"干货"——这些知识虽然王亮在学校时就接触过，但当王亮在实际工作中跟着老师傅重温时，这种深度的理解是课堂学习到的书本知识完全无法比拟的，这让当时的王亮感觉受益匪浅。在这段忙碌的实习期间，王亮学到了许多技术活儿和道理，这些让他受益终身，也逐渐使他坚定地选择在机床制造行业深耕下去。

由于王亮的优秀表现，车间主任决定让他提前结束实习期，开始正式工作——能够享受这一待遇的实习生并不多，甚至与王亮同期的许多实习生，都因为受不了工厂的枯燥工作而离开。王亮的付出终于得到了回报。

机床生涯的引路人

王亮结束实习期时，正碰上工厂的技术部缺人手，他便被安排进入工厂的技术部工作。按照厂里的规定，会为新员工配一个老员工当师傅，对此，王亮充满期待。

公司为王亮分配的师傅名叫党相旭，是技术部的电气总工程师。王亮是那批新入职员工中第一个分配师傅的。之所以如此，是因为在王亮实习的时候，党师傅每天都会去车间巡查，观察实习员工们的表现，而认真肯干的王亮也正是在这个时候引起了党师傅的注意。此时的王亮不知道的是，这位师傅将对他以后的工作产生深远的影响。成为正式员工后，王亮在党师傅的带领下，不仅懂得了许多技术方面的硬知识，还明白了何为"工匠精神"。

刚到技术部的时候，王亮单纯地认为技术部的主要任务是设计图纸，只是个费脑力的清闲活儿。体验了一段时间之后，王亮才发现自己当初的想法是多么天真。技术部不仅要负责设计图纸，还要亲自到车间进行实地检查，时时进行知识更新，以便在需要时设计出更加有效率的方案。那时，威达机床厂的技术部面临着新产品研发和处理积压订单的压力，党师傅每天忙得不可开交，但还是抽出时间指导王亮的工作。

因为工厂调度的原因，王亮这一批新进工厂的员工，没有被安排培训听课，大家都是在工作中直接上手操作。分派任务的负责人会告诉他们工厂的相关资料在哪里，他们需要自己去找、去查，实在有看不懂的地方再去问自己的师傅。王亮在大学里学的专业是机电一体化，这与设计部的工作具有密切的关联。但令他意外的是，书本里的知识到了实际运用中就显得捉襟见肘了，工作中遇到的许多问题王亮都不知道如何解决。党师傅不在时，王亮只能硬着头皮上，自己查阅资料，动手尝试。但在这一过程中，王亮的技术水平也得到了极大的提高。

王亮上手工作后，党师傅给他安排的第一个任务是图纸录入。党师傅交给王亮一台电脑和一本图纸草图，让王亮将图纸上的内容录入到电脑中。刚接到任务时王亮不理解党师傅的用意，心里有些抱怨：师傅为什么要让自己做这种简单并且没有技术含量的工作？王亮心里虽然疑惑，但还是认真地完成了图纸录入的工作。让王亮没想到的是，这种简单的图纸录入，也有大大的学问。王亮在录入的过程中遇到了一些问题：一方面，各公司的图纸录入有不同的标准，例如标注的文字用什么字体、用多大的字号，这些要求与在学校的要求不同；另一方面，图纸中的每个地方要求的视图类型也和王亮在学校里学过的不一样。

一开始，王亮的图纸交上去，要经过反复好几版的修改才能通过。王亮为了尽快完成任务，经常自己去查工厂过去的图纸资料，经过不断的尝试，王亮录入的图纸得到了党师傅的认可，达到了录入一次就合格的水平，王亮这时才明白党师傅的良苦用心。在党师傅的安排锻炼下，王亮对图纸更加熟悉，视图排布和尺寸链标也不再是困扰王亮的难题。这些看似简单的任务所积累下来的经验都在王亮以后的工作中发挥了重要作用。

学然后知不足

图纸录入这一关通过之后，王亮紧接着又被党师傅安排完成测绘走刀器的任务，这个任务的技术含量比图纸录入要高得多。

测绘不是简单的画图，而是测量和绘图的总称。这项工作要求技术人员不仅熟悉图纸，而且对每一个零件的功能都了如指掌。尤其是其中的公差配合，需要格外注意。王亮虽然在大学时成绩优异，机械和电气方面的知识都有所掌握，还拿到过奖学金，但看着书本中的一张张示例图片变成了现实中的实物，不禁一时无所适从。

为了尽快掌握测绘这项技术，王亮把自己大学中用到过的相关书籍都打包带到了工厂，看着实物，比对着书本进行研究。

为了能更快、更好地掌握原理和技术，王亮还想到了一个

"笨办法"：他把机器部件一个一个拆解出来，进行测量，然后画成草图，最后再拼接回去。他把在拆装过程中积累的问题都汇集在一起，只要党师傅一闲下来，他就马上跑过去请教。

在王亮刚进入技术部时，工厂给新员工发的技术手册成了他的宝贝，王亮与它形影不离，连吃饭的时候都要翻看研究。王亮在这本书中了解到电气相关技术的工作原理和设计原则，又在实际操作中得到了锻炼。慢慢地，王亮适应了技术部的工作，自学能力也得到了很大的提高。

刚进入技术部的这段时间，党师傅教会了王亮许多技术上的硬本领，使他不久后便能参与到机床的设计工作中去。党师傅对他讲的一段话也在此后一直成为王亮的座右铭，党师傅说：

"没有人能保证自己一辈子就待在一个地方一直工作，总会面临调动甚至转岗，如果我们离开了原来的工作岗位，周围的同事说一句：'哎，那个谁怎么走了啊！多可惜，是公司的损失啊。'这就能证明我们工作干得好。而别人不是说：'那个谁终于走了，早就该走了。'如果你从一个单位走的时候，能让周围的工作人员感到可惜，就说明你是真付出了。"

也正因为如此，不管在哪个部门工作，也不管从事哪项工作，王亮都尽心尽力，不会让别人评价说："你看看，这小子是混不下去才走的。"

第一次独立设计

王亮在技术部工作了一段时间之后，党师傅和公司领导对王亮的工作能力十分认可，没多久，便安排王亮完成一个独立设计的任务。刚接到通知的时候，王亮心里既激动又紧张，带着这种忐忑不安的心情，王亮开始了职业生涯中的第一次独立设计。

这是一份来自德国的订单，设计的内容是电气控制箱。客户要求在原有的电气箱上增加防水槽，用来提高控制箱的防水性能。王亮了解了客户的需求后就马不停蹄地行动起来。在详细考察了各方面的情况后，王亮认为这次的设计工作并不困难。他在查阅资料后，轻而易举地便把设计图纸画了出来。提交图纸的时候，王亮的内心充满了成就感和自豪感，他觉得自己这么快就完成了任务，一定能得到领导的夸奖。

过了几天，正当王亮在技术部值班的时候，突然接到了装配车间的通知：王亮设计的产品出现了问题。一听到这个消息，王亮被吓得一哆嗦，来不及多想，就赶紧跑到配电室。

到达现场后，王亮了解到是自己负责的设计环节出现了问题，他立马变得不知所措，开始责备起自己。原来，当设计好的图纸送到配电室进行组装的时候，工人们才发现电箱的厚度尺寸太小，按照图纸所示的电器件装不进去。王亮有些慌了，他想到出口产品的船期是固定的，现在图纸设计出现了问题，后续电器件无法组装，可能会耽误船期，那么工厂将面临违约的风险。事情发生不到一个小时，党师傅便从家里赶到车间，技术部的苗部长也赶了过来。大家一起紧急讨论，和车间主任定下了解决方案。党师傅几人决定先将电盘外置进行安装调试，同时重新设计电箱，调整电箱的安装和进线方式，让电箱可以后期安装，并协调配套厂家加急按新图纸做了新的电器件，最终在党师傅几人的共同努力下，这批产品才没有耽误交货。

上级领导和党师傅都知道王亮的为人，没有对他多加批评。但王亮自己却感到十分愧疚。这件事情过去后，王亮耐心地查找图纸，想要找出自己设计出错的原因。后来，经过党师傅的指点，王亮明白了问题所在：他把原始图纸弄错了。德国客户原有的电气箱改为使用变频器控制主轴后，电箱已经修改过厚度尺寸，王亮在设计图纸前期没有广泛查阅资料，只在资料室查到了一份过去老产品的图纸，便直接用它进行设计，这才引发了后续的问题。

王亮感到十分懊悔。从这件事上，王亮首先明白了一个道理：做事情一定要认真仔细，考虑问题一定要全面，一点儿小小的疏忽都可能会带来很严重的后果。除此以外，王亮还懂得了一个人生道理，做人做事千万不要盲目自信。他想：自己如果设计好图纸后能够再检查几遍，多去查找资料进行核对，而不是自负地立即上交，也许就会避免后面的问题。在以后的工作中，自己要一直以谦虚的态度处事，这样才能少出错误。做事情，特别是与设计相关的事情一定要严谨到最后一刻。最后，王亮在这次看老师傅们处理问题的过程中，也学会了遇到问题要保持镇定，想办法找出问题、解决问题，不能慌乱，尽量把损失降到最低。

在技术部工作了一段时间后，王亮更加明白了技术部在工厂中的重要性。

工厂里有一句老话：始于技术，成于管理。所以，一旦技术部的设计环节出现了问题，就会给下游的生产部门带来麻烦、给制造部门带来难题，甚至影响产品性能。这让王亮在此后的工作中更加谦虚、谨慎。

第四章　艰难方显勇毅，磨砺始得玉成

扫码解锁

◉群英颂歌◉匠心追梦
◉技能报国◉奋斗底色

主动请缨

2005年7月，王亮已经在滕州威达机床厂工作了将近一年的时间，经过这段时间的历练，王亮对厂里技术部的工作已经得心应手了。这时，威达总公司发布了一则公告，威达重工枣庄高新区的子公司——山东威能数字机器有限公司开始投产运营，需要一批有经验的员工前去"支援"。可因为新工厂威能数字机器有限公司远离市区，地处郊区，人烟稀少，周边没有超市、饭店等日常需要的配套设施等原因，滕州老工厂里的员工没有几个主动要求调往新工厂工作。

王亮第一次看到总公司的公告时，脑海中立刻闪过一年前在威能筹备处与朱总谈话的情景，内心充满感慨。他想着枣庄高新区的新厂终于开始投产运营，当年自己刚应聘时滕州高新区新厂还在建设中，时间过得真快。他觉得，自己作为新厂的预备员工，面对调任需求应义不容辞。此时，新情况的出现也在促使王亮下定决心主动请缨前去新厂支援——身边的同事因家庭和新厂的地理位置等原因，面对公司的人员调动倡议热情不高。

王亮向威能数字机器有限公司筹备组的人员陈述了自己的想法后，筹备组的工作人员表示他们非常看好王亮，一开始便有把王亮调往新厂工作、负责厂区电气技术的想法。筹备组人员告知王亮，此次与他同去的还有一名机械工程师——秦瑶，两人将共同担负起威能数字机器有限公司的技术衔接工作。

王亮深知，总公司将这样一份重要的任务交给他和秦瑶二人，这是对他们能力的肯定。他暗下决心，一定不能辜负公司对他的信任。另外，在王亮看来，此次去新厂工作，既是一次挑战，也是一次对自己的历练。因为这让他一方面在交接的过程中，能更好地掌握电气机械的相关技术，另一方面，还能锻炼他的沟通能力和领导能力。

王亮和秦瑶刚到达威能数字机器有限公司的新工厂时，只有车间及其配套设施建设完毕，办公楼还在装修，他们只能在车间里办公。工作时，两个人往往是随意在车间角落找一个地方，摆上两个高低不同的小凳子，就开始办公。

一次，一个年轻的员工经过车间角落时对王亮说："王师傅，你们不如去大门口的门岗室办公，那里虽然不是正经的办公室，可总比你们趴在这里强。我们每次看你们在这办公，都给你们竖大拇指，有你们两个这样敬业的技术人员，我们都不敢偷懒了呢！"王亮笑着应下，觉得这个提议很好。隔天，王亮和秦瑶便搬去了门岗室办公，秦瑶笑着对王亮说："你别说，咱俩这样还有点儿技术员的样子，起码有独立的办公场所了。"可门岗室实际上并不适合办公，虽然很安静，但由于四周都是玻璃幕墙，冬冷夏热，让人难熬。但王亮和秦瑶两人仍然兢兢业业工作，没有半句怨言。

王亮俩人丝毫不在乎办公环境，也是因为忙碌的工作使两个人根本无暇关注艰苦的生活条件。王亮还苦中作乐，与秦瑶开玩笑说："现在相当于回到我最初的实习阶段啦，不过现在的工资可比我实习阶段高了不少呢。"俩人每天除了负责各自的工作，余下的时间便在一起讨论工厂的未来规划，由于新工厂位于郊区，周围只有附近农户的果园，他们只能日复一日地重复着车间、食堂、宿舍三点一线的生活。

新工厂里，唯一的娱乐场所是工厂里简易的篮球场。王亮和秦瑶在休息日会约着一起打打篮球，算是俩人的一种消遣方式。后来，王亮为了丰富工厂员工的生活，增强大家的凝聚力，在新厂里组织员工们进行拔河比赛、篮球比赛等活动。新工厂里的员工在王亮和秦瑶两个人的带领下，积极参加活动。这些活动，不但让员工们锻炼了身体，还让很多人收获了友情，甚至是爱情，员工们在工作中的配合也变得更加默契。

车间里的劳动模范

王亮每天的任务是把总公司技术部的技术指令打印出来下发到车间，然后给生产一线技术人员做指导。车间如果出现技术难题，王亮只需要把问题汇总后发给总公司的技术部，由总公司的技术人员解决。这些工作本身并不重要，但王亮却没有丝毫懈怠，仍然保持着严谨认真。

新工厂投产初期，订单难度和复杂性都不高，涉及的电气技术方面的问题，虽然有员工搞不清楚，但总体难度并不大，王亮自己也能游刃有余地解决。比较难办的是遭遇机器故障，通常这时，王亮都会冲在前面带车间技术人员检查故障，与大家一起商讨如何修理，寻找出解决方案后，尝试把机器修好。只有遇到实在无法解决的问题，王亮才会选择上报。他的这种做法不仅锻炼了自己和技术工人的能力，还替公司节约了资源和成本。

王亮不但将自己分内的事情安排得井井有条，而且一有闲暇时间就会主动分担其他的工作。车间里常常能看见他与工人们一起做电盘、接线、调试系统的身影，他就像一只旋转的陀螺一样不停地工作着。王亮的付出大家都看在眼里，车间里的工人师傅们没有一人不佩服王亮，大家都认为王亮是个当之无愧的劳动楷模，笑着开玩笑说："王师傅没有得到劳动模范的表彰太亏了。"每次王亮听到大家这样夸他，总是笑笑，并不把这些话放在心上。

王亮在新工厂中努力工作，带领大家不断钻研机床生产技术，这使得新工厂在前期就获得了令人瞩目的好成绩。在他与工人们的共同努力下，数控产品在山东威能数字机器有限公司形成了系列化产品，有了稳定的产量，威能也因此成为机床业界的知名公司。

后来，一家德国公司看中了威能数字机器有限公司生产的机器，主动联系公司，点名让王亮负责他们公司产品的研发生产。

王亮等技术人员接到德国公司的订单后，兴奋中带着紧张，不敢马虎大意，因为这批产品必须符合欧洲的标准。大家努力了大半年，经过设计和开发试制，再加上不断的修改调试，产品终于得到了德国客户的认可。更让车间工人们自豪的是：按照惯例，出口的每台产品都要经国外公司人员现场验货，验收合格后才能发货，但由于王亮团队的认真与负责，经过三批产品验收后，德国客户宣布他们的产品从此免检。直到目前，新工厂的数控产品出口量每年都在增长，特别是在西欧、南美、俄罗斯、印度等国家和地区一直有稳定的销量。

狭路逢数控

王亮在山东威能数字机器有限公司工作了一段时间后，又开始负责厂里数控机床的生产和销售。在21世纪初，数控产品生产还属于一种新兴产业，大众熟知度较低。数控机床生产出来后，客户在实际使用上存在诸多困难，这在很大程度上影响着数控机床的订单量。许多习惯了生产传统机床的老工人刚接触到生产数控机床的工作时，都会感到无从下手，这大大影响了数控机床的生产效率。

数控机床的发展普及是大势所趋，但在当时，影响数控机床普及的一个关键因素便是其售后服务和技能培训人才短缺。王亮虽然自学能力很强，也肯钻研，而且还有丰富的一线工作经验，但在接触数控产品后，也花了相当长的时间才掌握了数控机床的用法，又经过刻苦钻研，才了解了数控机床的工作原理。

数控是数字控制的简称，一般是采用通用或者专用计算机实现数字程序控制，所以数控也称为计算机数控。数控机床则是采用了数控技术的机床或装备了数控系统的机床。这类机床的优势在于结构更简化，生产效率更高。在王亮看来，"数控"二字还有着更深层次的意义：通过用数字、文字和符号组成的数字指令来实现对一台或多台机械设备动作的控制，控制的对象通常是位置、角度、速度等机械量和与机械能量流向有关的开关量。就此，王亮从这几个方面开展对数控机床技术的研究。渐渐地，王亮从一开始对数控产品一窍不通的"小白"，变成了厂里数控机床技术难题的"解惑人"。

数控机床在普及过程中遇到的最大问题是售后问题。因为一旦有数控机床交付，就意味着需要派遣专业人员到现场安装调试，并负责培训操作人员。21世纪之初，交通工具并不发达，人们出远门往往只有绿皮火车这一种选择。王亮出差时，有时候还买不到坐票，只能站到目的地。有很多次，王亮在火车上站了十几个小时，下车后，他不禁感慨地说："太累了，站得腿都麻了。"

路途上不轻松，到达目的地之后还要面对陌生的环境，所以出差往往是很多技术人员不愿意承担的工作。但王亮不仅不刻意回避，还十分珍惜每一次出差的机会。他认为与客户现场交付机器是一项非常锻炼人的工作，不仅考验自己的专业素养，还锻炼了自己与人交往的能力。

市面上数控公司培训的流程通常是直接按照产品的使用说明书，对操作人员进行培训，内容仅包括指令编写。王亮开始也按照这种方式进行培训，但几次之后他发现，这种培训方式存在很大的问题：接受培训的操作人员往往不能理解程序编写的原理和内涵，培训结束后，只会一两种编程操作。王亮果断放弃这种低效率的培训方式，开始自己设计培训方案。

王亮根据自己的学习经验，琢磨出了一种周期短、见效快的培训方法：他以现场要加工的零件为例子，带着客户一起编写程序，一边编写一边教客户编写原理，培训结束了，零件加工程序也编写完成。这样的培训不仅能让客户的操作人员真正掌握指令的编写方法，还能在最短的时间内让数控机床发挥价值，培训结束后客户可以立刻开始生产。

王亮设计的新式培训方法在客户群体中备受好评，不仅让客户感到满意，还为威能公司打了广告。出差培训的工作，使王亮在相当长的一段时间里，一直是公司里数控机床使用最熟练的员工，尽管他不是专门从事机械加工工作的技术人员，但是这也不妨碍机械加工的车间主任找他编写一些复杂零件的加工程序。

出差培训积累的宝贵经验，不仅使王亮开阔了视野，也为他以后参加技术比武打下了坚实的基础。

荣当副厂长

王亮在新工厂的优秀表现被总公司领导看在眼里，2008年，王亮被任命为数控分厂的副厂长。

担任副厂长后，王亮并没有摆起"官架子"，还是和往常一样工作。他忙完分内工作，闲暇时还是习惯和车间工人一起干活儿，但是身份的迅速变化，还是使王亮碰到了一些问题，比如，他迟迟无法进入新岗位的工作状态。

王亮现在回想起刚当上副厂长的那一阶段，他非常感激当时的车间主任姚运启师傅。姚师傅是山东威达技术有限公司的第一个高级技师，也是山东省的首席技师。在他的帮助下，王亮迅速适应了副厂长的身份。在之后的时间里，王亮与姚师傅在工作中配合默契，使数控分厂的发展更上一层楼。

2008年，全球爆发经济危机，中国对外贸易受到了不小的冲击。数控分厂作为威能数字机器有限公司的出口产品的主要生产基地，不可避免地受到了严重的影响，出口产品的订单量大幅度减少。面对这一情况，王亮四处奔走为工厂发展找出路，可是收效甚微。受大环境影响，厂里人员工资下降，部分员工离职。同时，工厂为了援助总公司数控产品的研发，从工厂里抽调了大部分骨干人员，使得数控分厂人员骤减，以致人数最少的班组只有两个人。一有订单，车间人员都发愁，担心不能按时交货；没有订单，大家又闲得发慌，害怕被裁。

这一时期，数控分厂士气低落，员工的陆续离职和工厂面临的倒闭风险让仍然在岗的工人们人心涣散。即便工厂接到了新订单，大家也提不起兴致。姚主任和王亮注意到工人们的情绪后，他们两个人想方设法鼓舞大家的士气。

工厂缺少人手，长此以往必然制约自身发展。王亮在开会时提出想让总公司再分配些人手过来，支援新厂。但姚师傅却提了一个更好的建议，他说："我们不能被动地等公司给我们补充人员，我有一个想法，我们工厂里现在班组多，每个班组的人员数量参差不齐，我想能不能把小的班组合并成一个大班组，人员统一调配，这就方便工作了。"

王亮非常赞同这个想法，两个人说干就干。经过两天的调配，车间的大班组划分好了。这之后，工厂再来订单时，王亮和姚师傅明显发现大家的工作效率提高了，人多不仅力量大，士气也高。王亮高兴地想：多亏了姚师傅的办法，不然，有的班组两三个人，干活儿都没劲儿，要是从总公司调人，不知道何时才能调过来，并且员工适应环境、熟悉机器也需要时间，还是姚师傅这个办法好！

王亮和姚师傅每天分配完车间任务后，两个人都亲自上阵做表率，参与到车间的工作中。他们同心协力带着工人们挺过了那段困难时期。那个阶段，加班赶工是常有的事，王亮和姚师傅都在工作岗位上，与工人们一起熬夜加班。除此之外，在工作中，王亮与姚师傅在其他方面也都配合得非常默契，比如，他们都喜欢研究机器，机器一有什么故障，两个人都是自己先研究一番，看看能不能找出问题所在，自己动手解决机器故障。

当时，功能部件有时会出现各种各样的问题，对此总公司有应对制度：外购的功能部件出现质量问题，可以直接向外购公司申请更换；外购功能部件处在保修期内发生故障，直接将功能部件退回生产商，不需要支付费用；超出保修期的，功能部件维修需要支付额外费用，工厂上报后可请生产商维修。这些制度虽然完善，但这样的流程往往会耽误工期，甚至会给公司带来经济损失。王亮考虑，如果工厂技师熟悉功能部件，了解功能部件的工作原理、易损部件、经常出现的问题等，那么当功能部件出现问题时，工人师傅可以第一时间做出反应，上手维修，如此将会大大减少公司资源的浪费。

王亮把这个想法同姚师傅说了以后，两人一拍即合，马上开始付诸实施。

王亮和姚师傅为了让技术人员学会维修功能部件，首先带领大家把功能部件全部拆解了一遍，让技术人员充分了解其构造。在这之后，工厂里再遇到功能部件发生故障时，王亮和工人们会一起研究故障出现的原因，想办法消除故障。这种做法一方面给

⊙ 2022年5月，王亮在威达重工9号精密车间调试生产线

公司节约了大量维修资金，缩短了功能部件维修所需的时间，提高了工作效率；另一方面提高了工人的技术水平，让大家都养成了遇事先想办法处理的习惯，解决不了的问题，开会集体讨论，如果还想不出解决办法，再上报给公司。

在维修机器的过程中，工人们集思广益，在一次次讨论中拉近了彼此的距离。大家在交流的过程中，对彼此更加熟悉，在日常的工作中配合也更加默契。

年轻员工的良师益友

担任副厂长后，王亮需要负责新员工的招聘工作。这时，他总会回想起当年的自己。他从一个懵懵懂懂的毛头小子，到现在的分厂副厂长，这条路充满了艰辛，他清楚地知道自己成长的路上离不开老师傅们的帮助。他希望自己也能够像这些老师傅一样带出一批优秀的青年工人。

在招聘中，王亮看着这些朝气蓬勃的小伙子们，内心希望他们能尽快成长起来，尽快担当大任。

这些年轻人都刚从大学毕业，与当年的王亮一样，理论基础扎实，富有朝气，充满干劲儿。他们最大的不足是缺乏工作经验，同时也存在动手能力较差的弱点。王亮为了让他们尽快熟悉工作，不仅给他们安排技术培训，更是绞尽脑汁想法子提高他们的动手能力。

在工作中，王亮发现，在新招聘的员工中，有想认真干活儿的实习生，也有想浑水摸鱼拿工资的年轻人。为了让后者端正工作态度，一向平易近人的王亮给他们立了一个严厉的规矩：不会调试的机器可以请别人来帮忙，但是最多只能请别人帮忙两次，第三次一定要自己独立调试机器。如果第三次还不行，那就考虑一下自己适不适合留在这里。这个规矩给这些初来乍到的年轻人带来了极大的压力。

王亮的严格要求，取得了非常好的成效。实习期结束后，留下的年轻人成为数控分厂的新力量，大家都努力上进，营造了积极向上的车间氛围，老一辈的工人们也都干劲儿十足。人心齐，泰山移，数控分厂在王亮的带领下，发展得越来越好。

在与新人的日常相处中，王亮有意识地调整了角色，不再是严厉的副厂长，而是一位知心老大哥。为了尽快帮他们找出并消除业务能力的薄弱点，王亮有意识地分派任务锻炼他们。有时候还手把手教新人调试机器，处理故障。王亮对新员工说："只要大家感兴趣，愿意学，我愿意毫无保留地向大家传授我的技术，大家一起讨论，共同进步。"

久而久之，工厂里的员工都敢想敢干，充满干劲儿，王亮每天也干劲儿十足。两年多下来，王亮负责帮助的九名新员工，都成长为优秀的技术员工。大家平时会在一起讨论工作，一起解决工作中遇到的难题。在王亮的严格要求下，电气工段的九名新员工全部具备了独立调试和维修机床的能力，成为厂内的骨干。王亮也通过与大家一起学习，对各类数控系统有了更深入的了解。教学相长，王亮与大家相互促进，共同提高。

后来，王亮负责的九名新员工都有了不错的发展，有的成为车间主任，有的成为设备调试专家，有的则做了项目经理。他们都很感谢当时王亮在实习阶段对他们的高标准、严要求，同时也感谢王亮在生活上对他们的照顾与帮助。

王亮从自己工作的经历中明白了一个道理：人只有经历过艰难困苦、坎坷波折，才能锻炼出勇敢坚毅的品格，才能成就一番事业。

第五章　百尺竿头铸辉煌

扫码解锁

◉群英颂歌◉匠心追梦
◉技能报国◉奋斗底色

第一次参加技术比武

2009年，第三届全国职工职业技能大赛举办。与往届不同的是，在这届比赛中，数控机床装调维修被列入比赛项目，格外受到大家的关注。山东省把这一新增项目的组队任务交给了滕州市，市里经过商议，最终选定威达重工股份有限公司和大地机床股份有限公司两个公司组队参加。

选定威达重工股份有限公司，是因为其旗下的威能数字机器有限公司在近两年发展迅速，他们从起初只能生产价值一两万的钻铣床到后来能够生产价值十几万、几十万的通用机床，不仅具备数控产品的生产能力，还在滕州市形成了一定的影响力。威达重工这边，参加比赛的任务落在了王亮的肩上。

在赶赴上海参加比赛前，山东省的相关工会领导人专门来到滕州市，给参加比赛的王亮一行三人送行。

按照主办方的要求，比赛正式开始前，参赛队伍首先去李斌技师学院参观赛场。这次技术比武因工位有限，分两个赛场进行，分别是装配调整与设备加工赛场和设备排故赛场。参观赛场的时候，王亮看着熟悉的机器，内心既紧张又期待。参观完赛场后，选手们被主办方分成两队，统一由大巴车接送。让王亮感到意外的是，比赛管控得非常严格，进入宾馆后，组委会对选手们实行封闭式管理，比赛期间选手不能和任何人接触。

由于是第一次参加比赛，王亮和队友们都显得有些紧张。王亮看着平日里经常操作的机器，内心想着：我一定可以。调整好心态后，王亮开始给队友们鼓劲儿打气，大家都迅速调整状态，全身心投入比赛。

可喜的是，王亮团队在比赛里抽中的排故问题，他们在平时的工作中经常遇到，一些问题看似棘手，王亮他们却有应对的思路。比赛时，他们第一时间投入工作状态。

这次大赛的题目，看似中规中矩，但其实里面隐藏着很多微小的甚至是容易被忽略的细节问题，十分考验参赛人员的技术水平。比如，机器中的小故障没在题目中出现，但在实际操作中却出现了，不动手解决，便无法继续完成题目设置的任务，这就意味着参赛者不仅要掌握操作技术，还要了解机器的构造与运行原理。

王亮在做一个难度不大的调整参数题目时，就遇到了一个隐藏的"小问题"。在进行参数调整的时候，他发现系统里面的SYSTEM（系统）按键没有反应。王亮连忙又按了几下，发现SYSTEM（系统）按键好像失灵了。他心想：是设备出故障了吗？这样大型的比赛，应该不会有这种低级错误出现啊。王亮犹豫了一下，赶紧试了试设备上的其他按键，结果都是正常的，只有SYSTEM（系统）按键失灵。王亮一瞬间慌了神儿，他努力使自己静下心来，看着调整参数的题目要求，脑子飞速地运转：这种国家级的比赛肯定不会出现单一设备按键失灵的情况，这应该是一个隐藏的小题目，按键不灵，可能是哪里被锁住了。哪里锁住了呢？王亮迟迟不能进入参数页面，其他操作也就无从谈起。

王亮抬头望着其他选手，只见他们都在有条不紊地做属于自己的那部分题目，王亮怕打扰队友的进度，没有开口询问，开始认真思考起来。

他想到自己应该从系统的基础问题入手：王亮知道FANUC系统（发那科系统）有两个功能界面，除了参数界面还有一个设定界面，王亮脑海中突然有了一个大胆的想法，这个参数界面SYSTEM（系统）按键不灵，也许可以在设定界面进行重新设定。

王亮抱着试一试的想法，按下了机器上的OFF/SET（关机/设置）按键。不出所料，设定界面功能正常，可以使用。王亮兴奋地尝试进入页面，开始想办法调整机器参数。机器功能的参数控制在日常工作中十分常见，并且很大概率是用位参控制，王亮一边思索一边看着赛场上的大挂钟，时间在一分一秒地流逝，王亮心里着了急，嘴里无意识地碎碎念着"参数、参位……"

突然，王亮脑海中产生了一个大胆的猜想：他曾在公司的

《新人手册——机器使用说明书》中看到过调整参数的案例，机器按键与设定的参数有着密不可分的关系。王亮猜想，SYSTEM（系统）按键没有反应，是不是因为这个按键的默认值不需要被设定或者设定的数值错误，导致其无法使用呢？顺着这个思路，他先假设SYSTEM（系统）按键的值不需要被设定，那么在设定界面SYSTEM（系统）按键的默认值应为0。王亮发现在设定界面里，3208#0的设定值是1，这证实了他的猜想是正确的。他着手开始修改，将3208#0的设定值改成0后，王亮回到参数界面，颤抖地按下SYSTEM（系统）按键，不出所料，SYSTEM（系统）按键果然可以使用了！

此时，比赛的剩余时间已经不多，但好在后面一切顺利，他完成了所有规定任务。

比赛结果出来了，代表山东省出战的滕州代表队，在比赛中取得了全国第四的好成绩，与此同时参赛队员还分别获得了个人总分第十二名、第十三名和第二十一名的成绩，这对于第一次参加全国技术比赛的王亮和队友们来说，是一个意料之外的成绩。

三个人坐火车回来时，滕州市政协党组成员、市总工会主席亲自到滕州火车站迎接王亮和队友们，给他们接风，向他们献上鲜花、绶带。莫大的荣誉感与自豪感在王亮心中油然而生。随后，滕州市委、市政府、市人大、市政协相关领导同志，在滕州市政务中心举办了隆重的欢迎仪式，滕州市工会、劳动、科技、经贸等部门的主要负责人出席了欢迎仪式。会上，领导对王亮等三人取得的成绩给予了高度的赞扬。这是王亮第一次受到市级表彰，他心中充满了自豪和激动之情。

此后，滕州市总工会做出决定，授予王亮等三人滕州市五一劳动奖章，并向全市职工发出学习号召。

比赛结束后，王亮沉下心来，进行了一番总结：

首先，自己通过"李斌杯"比赛，与全国各省的技工进行切磋交流，明白了努力与勤奋的重要性。虽然他与另外两名队员都来自滕州市，所在的企业规模也无法与一些一线城市的工厂相比，但只要他们在平时的工作中尽心尽责，付出努力，就能拥有扎实的技术基础，可以在全国比赛中崭露头角，取得好成绩。这样的感悟，让王亮在日后的工作中更加努力、更加尽责，最大限度地提升自己的职业技能水平。

其次，王亮在参加比赛以及观看其他场次的比赛过程中，发现比赛项目的设立都集中在国家经济发展中急需加大力度发展的产业上，比如他参加的比赛项目——数控机床装调维修，往届的比赛中没有这个项目，但今年赛事主办方把数控机床的装调维修列入比赛，这说明数控产品的发展得到了国家的重视，也说明这个行业发展前景一片光明。并且，在技术比武中设立的比赛项目，都属于应用范围广、从业人员多、技术含量较高的技术行业，大多项目是主办方根据中央实施创新驱动发展战略、产业结构调整的新要求、紧跟当今技术发展前沿的新目标设立的。王亮认为，国家组织全国职工职业技能大赛的意义是推动新兴技术发展，发扬工匠精神。

数控机床的发展前景，使王亮更加坚定了做好数控机床产品的决心。"李斌杯"比赛是王亮第一次深入了解政策走向对市场和社会发展的影响，感受到国家对技术人员的重视，同时也了解了未来国家职业教育的发展方向。从这次比赛以后，王亮开始喜欢上了看新闻，关心国家大事和国家政策的变化。

用差距鞭策自己

2008年，王亮接到总公司的通知，他将作为成员之一代表总公司前往欧洲考察，并参加欧洲机床展。

这是王亮人生中第一次出国，他心中本就充满了紧张感，而其肩负的考察任务也很重，这次出差对于王亮来说并不轻松。

欧洲机床展与美国芝加哥国际制造技术展、日本国际机床展览会、中国国际机床展览会一起被誉为"世界四大机床展"，在机床行业有举足轻重的地位。2008年，欧洲机床展在意大利米兰国际展览中心举行，山东威达重工股份有限公司参与了此次展会。

展会上，威达重工所展示的机床产品，主要是以手动或半自动的普通机床为主，虽然没有国外的产品先进，但威达公司在国内外具有良好的口碑，吸引了许多客商前来参观。络绎不绝的参观者来到威达公司的展位前，与工作人员交流，洽谈业务。

王亮忙里偷闲去其他公司的展位上参观，一圈看下来，他心中五味杂陈。王亮看到国外厂商生产的机床已经开始向高精尖的领域迈进，产品以数控化机床为主，不但性能精密高效，而且外观大都采用简约的线条和流畅的曲面设计，科技感十足。最让王亮震惊的是，欧洲第一大机床集团DMG集团生产的一款加工中心使用的是水冷式HSK25高频主轴，最高转速可以达到45000转/分钟，还可以选配60000转/分钟甚至更高转速的主轴。王亮本来就预料到国外数控机床技术先进，但DMG的这款加工中心还是让王亮大吃一惊。

不仅如此，王亮还在西门子公司的展位前看到了虚拟机床技术。这种技术能够在生产实际成品之前，在虚拟环境中精确模拟加工生产出的产品的特点和与其他产品之间的细微差别，让生产厂家跳过车间里的测试环节。王亮想，如果这项技术能引进到威达公司的工厂里，设计出来的机床产品就能直接在虚拟的情况下测试，他们就可以从中发现产品设计的不足之处，及时改进。这不仅提高了生产效率，而且大大降低了公司成本。王亮又走向别的展位，他俯下身去了解参观，感受着先进

⊙ 2008年10月，王亮在意大利考察学习

技术带来的心灵震撼。

这次出国参加展会，王亮了解了世界最顶尖的机床制造水平，清楚了国际先进数控产品的研发方向和理念，也真正意识到当时中国数控机床的制造技术和国外的区别与差距。王亮在心中默默地想：一定要更加努力，早日把中国的数控机床做到和国外一个水平，甚至超越国外。王亮和同事们在回去的路上，情不自禁地讨论起这次展会上的先进机床产品，这给他们带来了很多的灵感和启发。

孤身闯埃及

2011年的时候，威达的数控产品已远销海外，恰在此时，埃及有厂商也向威达表达了合作的意愿。不过，此前埃及的代理商并没有接触过数控产品，工程师们对数控机床知识一窍不通，埃及客户表示在引进数控机床产品的同时，需要威达公司提供技术支持。

王亮通过邮件和埃及工程师沟通了一段时间，发现效果十分不理想。由于代理商不了解数控机床产品，他们无法培训购买企业的生产工人，这也直接影响到产品的成交量。威达公司在了解到这一情况后，决定派王亮前往埃及，面对面给埃及当地的代理商工程师培训，并处理好相关的技术问题。

王亮虽然接受了公司分派的任务，但也充满了担心，因为毕竟他要一个人前往遥远的埃及。他曾一度考虑要不要向总公司反映，换个外语好的技术人员或者给他配备个出口部懂外语的同事，陪他一起前往埃及。

那时，王亮已同相恋三年、同为威达公司的员工张伟结婚。王亮每当在工作中遇到什么困难，总是愿意讲给自己的妻子听，以期在她那里获得心理支持。这次也不例外，他毫无顾忌地将自己此行的担忧都告诉给了妻子。妻子不禁取笑王亮说："你一个大老爷们儿，怎么还不敢一个人去啊？再说了，你又不是第一次出国。公司让你去，肯定是知道你培训技术好啊，你咋还想着找个人陪你，那不是额外增加费用吗？"王亮听了妻子的调侃，不得已和妻子说出了自己内心的担忧。

虽然这不是王亮第一次出国，但之前他毕竟都是跟其他人一道去。这次要自己一个人去埃及，人生地不熟就算了，自己还不懂阿拉伯语，无法和埃及的工程师交流，他担心会影响培训进度。

妻子理解王亮的担忧，对他说："人生地不熟是真的，但是你下了飞机后，埃及的客户肯定安排人接你直接去工厂，阿拉伯语不懂也没事，现在赶紧突击英语啊，学一些机床专业术语的表达。你正好趁着这次去埃及培训，更加了解这批数控机床啊。"王亮在妻子的劝说下，不再有顾虑。对啊，他一个大男人怕什么，去培训工程师，这正好是自己擅长的，找个出口部的同事和自己一起去，他除了能翻译之外，别的什么都做不了。

王亮下定决心后，便开始为出差去埃及做准备。

王亮先是让出口部的同事帮他整理了一些常用的英语，有打招呼的，有问路的，当然，还有一些数控机床领域的专业术语，大约有十来页。王亮没事就背，学习的劲头比上学时还高。纸张上密密麻麻的英语单词让王亮看着忍不住头疼犯难，特别是与数控机床相关的专业术语，是既难读又难记，把王亮"折磨"得够呛，只能在每个英语单词旁边注上谐音。他想：自己还有点儿上学时候的英语底子，简单的交流自己还是能够完成的。出差的前三天，王亮更是每天都拿着那十几张纸，甚至吃饭的时候也都要看着，记英语的汉语意思，更是每晚都读到半夜才肯休息。2011年的时候还没有智能手机，王亮的手机是诺基亚牌的，他提前在上面下载了一个查单词的软件，还特意去通信公司开通了手机全球漫游服务。

收拾好行李，一切准备就绪，王亮出发了。

王亮先是坐火车到北京，再从北京出发转飞机前往埃及。王亮担心自己第一次一个人坐飞机不熟悉流程，提前三个小时便到达机场，办理托运行李，换登机牌。一切都安排妥当之后，王亮在候机室坐着等了好一会儿，尽管此刻是凌晨，王亮也觉得自己精神抖擞。他听到机场播报他乘坐的航班登机的通知后，立即起身前去登机。直到王亮坐上飞机系好安全带等待飞机起飞时，他还觉得自己独自一人去埃及培训代理商公司的工程师这件事不太真实，面对语言的障碍，他真的能顺利完成此次的培训任务吗？

飞机起飞之前，王亮觉得有些无聊，便又开始复习英语单词。飞机很快便随着轰隆隆的引擎声起飞了。此刻的王亮望着凌晨被黑暗笼罩着的天空，脑海中想着培训方案还有哪些需要完善的地方，用英语怎么表达等，不一会儿，就进入了梦乡。

从北京到埃及坐飞机需要11个小时，而北京时间要比开罗时间快6个小时，王亮到达埃及时已经是当地凌晨5点。下飞机后，他跟随着人流办完入境手续来到机场到达大厅，看到一位胖胖的穿着短袖的小哥举着一块牌子，上面醒目地写着"weida"。王亮看到后，明白了小哥是代理商安排来接他的人，立即微笑着招了招手。随后，王亮在其带领下联系上代理商之后，紧张的心情才逐渐放松下来。

随后，他们马不停蹄地来到了开罗代理商的公司。王亮发现，这家公司分为上下两层，上层办公，下层作为仓库，存放出售的各种设备，他一眼就认出了威达生产的数控机床。

埃及的代理商提前为王亮安排好了酒店。王亮到达宾馆后，放下行李，整理休息了一会儿后，便开始和代理商公司的工程师进行简单的交流。通过沟通，王亮发现出发前辛苦准备的英语派上了用场。埃及这个国家有被英法殖民的历史，代理商公司的大部分员工会说一点儿英语和法语。王亮用带有浓重山东口音的英语和手势与工程师们进行日常交流，双方能够勉强明白对方的意思。

第一天下午，王亮一直在代理商公司的一楼，调试威达生产的数控机床。原来，代理商第一次订购威达公司的数控机床，因对产品的各项功能不了解，当地的工程师在学习使用的过程中，把数控机床的系统全调乱了。王亮花了一个下午的时间，才把数控机床的各项系统恢复正常。

不出王亮所料，正式培训的时候，语言不通成了最大的障碍。毕竟是临时学的英语，在交流上王亮显得捉襟见肘，尤其是遇到数控机床的专业问题，由于王亮发音不标准、词汇量不足，双方几乎完全无法沟通，培训进度十分缓慢。

培训效果一直不理想，王亮心中十分焦急。夜晚，王亮完善着第二天的培训内容，他发现，计划果真永远赶不上变化快，自己在国内做的培训方案并不适用。王亮绞尽脑汁用手机中的单词软件查询英文单词时，脑海中突然蹦出了一个想法：平时培训时，先用英语和手势进行简单的交流，遇到技术难度较大和难以表达清楚的问题时，选择跳过存疑，把这些难以解决的问题集中到同一时间，通过与公司同事网络连线的方式，请出口部精通阿拉伯语的同事翻译。这个办法果真大幅提高了培训效率，最终经过五天的努力，参加培训的工程师们在王亮的指导下，已经学会了熟练地使用数控机床。

距离王亮回国的日期越来越近了，他趁着这段时间，开始教当地的工程师们一些机器故障的排除方法。

经过几天的相处，尽管语言不通，但埃及的技术人员感受到王亮在培训中的尽心尽责与毫无保留。培训过程中王亮发音不太标准的英语、略带滑稽的肢体语言都让当地的工程师感受到他的善意与真诚。在这个过程中，王亮还与其中一位工程师成了好朋友。王亮来埃及之前，做足了准备，他听说埃及气候炎热，蚊虫甚多，风油精在此地非常实用，不仅能解除中暑和蚊虫叮咬带来的困扰，还能作为小费使用。王亮就从国内带来了一些，到达埃及后却发现这些风油精对他来说派不上什么用场。王亮便把带过来的风油精全部送给了这位工程师朋友，朋友收到这些礼物后十分高兴，当即表示要带王亮游览开罗的风光。

在游览过程中，王亮感受到开罗人的热情好客以及对中国人的友好，唯一让王亮感到不适应的是埃及与中国在饮食习惯上存在巨大差异，当地人每天只吃两顿饭，这让他十分不适应，当地代理商知道后，每天中午会专门安排秘书单独给王亮准备一份午餐。

正当埃及之旅一切按计划进行时，一场意外打乱了这一切。

一天，王亮在休息时，透过代理商工厂的窗子看到街道上许多人正举着旗子游行，男女老少嘴里都喊着他听不懂的口号。他看着窗外紧张的气氛内心十分疑惑，不知道发生了什么事情。不一会儿，王亮接到威达总公司的电话，询问他是否安全并提出要安排他尽快回国。王亮这时才知道，当地发生了政变，很多人正在游行示威，埃及代理商的工厂正位于一个游行示威点附近。

虽然整个培训工作已经照比原计划提前完成，但王亮却想利用节省下来的时间再给埃及工程师们培训一下机床常见故障的处理方法。不过，由于当地时局的变化，这一计划只能搁浅。不得已，王亮改签了机票，提前登上了回国的飞机。

回到国内后，王亮在新闻上看到埃及还在持续发生民众抗议，他和那位埃及工程师朋友在网上通过邮件聊天，进行技术交流的同时也不忘关心开罗的情况。直到现在，王亮和那位埃及工程师朋友在忙碌的生活中，还偶尔有联系。王亮通过这次埃及之行，真真切切地感受到生活在一个政局稳定的国家是件多么幸福的事情，生在华夏大地的他是多么幸运。

后来，随着数控产品的市场拓展，王亮还去了奥地利、法国、越南等国家出差，进行数控产品操作培训，他与世界各地的工程师们进行交流，把自己知道的数控机床方面的知识倾囊相授。如果培训时间充足，王亮还会帮助各地的工程师排除机器故障，教他们故障机器的修理方法。

在一次次出差过程中，王亮也虚心接受各国工程师们的建议，不断改进培训方法。与志趣相投的工程师们一起探讨数控产品未来的发展方向，为进行更加深入的合作寻找途径。

王亮在去国外出差中锻炼了自己，开阔了视野，见识了世界各地的人文风光与风土人情，也更加热爱自己的祖国，感慨自己出生在中国是何等幸运。王亮知道，他必须不断努力、不懈奋斗、紧跟时代发展，只有实干，才能让中国数控机床在未来工业发展的国际格局中站稳脚跟。为此，他应该准备得更多一些，再多一些……

第六章 行稳致远，进而有为

扫码解锁

◉群英颂歌◉匠心追梦
◉技能报国◉奋斗底色

向高精尖方向转型

2013年至2014年，对于威达重工股份有限公司和王亮来说，都是特别重要的一个时间期。随着科技的不断进步，机床市场呈现出日新月异的发展态势。威达重工股份有限公司为适应时代发展的要求，不被市场所淘汰，开始积极寻求转型之路。

威达总公司转型的决定并不是突然做出的，王亮隐约中也早有预感。2009年，即王亮第一次参加技术比武的那一年，他开始尝试透过国际国内形势来思考机床市场未来的发展走向。将新闻报道和威达公司的发展情况结合在一起后，他发现支撑目前机床市场繁荣景象的是生产商们背后的技术角力，或者说，厂商们之间的激烈竞争和机床市场上的繁荣本就是一体两面的：机床市场的雄起，让更多的制造商想来分一杯羹，由此大批机床工厂开始建立，然后随着大量的机床产品涌入市场，造成机床市场竞争更加激烈，而厂商们的激烈竞争，又促进机床行业的发展。

面对激烈的竞争，首先受到冲击的是生产通用型普通机床的工厂，这类工厂生产的产品技术要求低，生产门槛低，也正因为如此，这一市场的需求几乎已经饱和。这样的态势给威达敲响了警钟：随着大批通用型普通机床涌入市场，威达不仅订单开始变少，而且机床的价格更是被客户一压再压，利润不断降低。

威达公司的转型迫在眉睫！公司第一时间组织相关人员召开会议。在会上，王亮和一些参加过国外机床展会的员工向公司提出建议：公司应该向发达国家学习，转型生产高级的工业母机，以生产先进机床为方向探索转型道路。与此同时，参会的其他技术人员也认为，普通机床市场已经饱和，且制造业数字化转型速度加快，普通机床处于被社会和科技淘汰的边缘，先进的数控类机床才是工厂发展的长久之计。至此，公司决定将生产重心从普通机床产品逐渐转移至数控类机床产品。

方向确定以后，威达先是和山东省机械设计院进行合作，联合开发了双交换的卧式加工中心，接着又开发了龙门式加工中心，这两款机型在市场上取得了巨大的成功，为威达公司进一步转型奠定了基础。

接着，威达公司在滕州又成立了新的镗铣床生产基地，集中包括王亮在内的技术骨干力量，开发了TH6363单工位卧式加工中心。总公司希望TH6363单工位卧式加工中心的技术成果能够进一步形成系列化产品。为此，威达公司不仅建设了新工厂，还将高新区厂区和滕州厂区的高级工人和技师全部集中到基地，进行大型立式加工中心和龙门卧式加工中心等高附加值数控产品的研发和制造，镗铣床生产基地建设被列为威达公司的重点工程。

⊙ 2022年9月，王亮在山东德州劳模精神基地参观

八年轮回，又担新责

公司转型，必然要对人员进行调动、调整。2013年7月，王亮按照公司要求，调任到镗铣床生产基地的技术部，与王亮一起前去的还有高新区厂区的数控人员。

王亮刚刚接到调任消息时，信心满满。在他看来，多年的工作经验完全可以使自己胜任新工作。可当王亮第一次进入镗铣床生产基地时，他整个人都蒙了。基地里先进而又高级的设备让王亮在大开眼界的同时，又心生忧虑。虽然他之前曾经是分公司的电气工作负责人，也担任过数控分厂的副厂长，但看着基地里的新设备和从未接触过的镗铣床产品，王亮心里担忧：这可怎么办，自己在此之前根本不了解镗铣床，这些先进的机器自己也不会使用。他不知道这一关自己能否闯得过去。

王亮看得出来，和他一起调任来的员工心里也都有类似的想法。王亮沉下心来，他想自己必须沉得住气才能鼓舞大家。他对其他人说："这些产品确实高级，虽然我们现在还不熟悉，但凭着我们的工作经验，要不了多久，我们肯定能熟练掌握这些产品的制造工艺。到时候，我们的水平也会上一个新的台阶。"

王亮的话暂时缓解了老员工们的焦虑，但实际的困难是客观存在的：大家都对新设备和即将要生产的新式机床缺乏了解，出现焦虑与畏惧的情绪是自然的。

随后，王亮找到基地领导，向他们反映了情况。他希望公司领导层能采取一些措施，把员工的士气鼓舞起来。经过协商，公司决定召开一次动员大会，提高大家工作的干劲儿和热情。

在会上，王亮作为员工代表发言，他说："同事们，我知道大家所面临的困难，也知道大部分新来的员工心中的担忧，因为我与你们有着相同的心情。但我们要明白，科学技术是不断发展的，总公司的转型是顺应时代发展的正确选择，我们应大力支持。同时，我们应不断学习，让自己也不被社会淘汰。在这里，我希望与大家一起，从零开始，重新学习！我相信，经过我们的不懈奋斗和踏实努力，大家都能很快适应这里的新工作和新环境。我们不服输，也不服老，我们能终身学习，掌握一项又一项技术本领。大家一起加油！"

这次动员大会取得了良好的效果，员工们都放下心来。与此同时，总公司也给了他们充分的适应和学习的时间，这些措施有效地稳定了军心。

动员大会结束后，王亮第一时间投入适应新环境的工作中去。他仿佛又回到了刚参加工作时的实习状态，抱着学习的态度，把学习技术放在生活中的第一位。每天起床后，王亮觉得自己充满了干劲儿，他恨不得飞奔到工厂，与公司的同事们一起学习。王亮还抓住一切机会充实自己，向精通镗铣床的技术人员请教，真正去动手操作，锻炼自己。

再战数控

经过一段时间的学习，王亮已经适应了镗铣床生产基地的工作。作为电气设计人员，王亮最主要的工作是设计图纸。按照道理来说，图纸设计完成后，电气设计工程师便可"功成身退"，诸如机床的安装调试等后续工作并不在电气设计工程师的职责范围之内，相关知识他们也不用去了解、掌握。但王亮却不同，他从刚刚参加工作起，就从未"安分守己"过。这次到镗铣床生产基地，他也一样闲不下来。王亮会在空闲时间监督产品生产的全过程，研究机床的安装调试方法。王亮坚信，只有从各个方面了解机床，才能设计出优秀的产品。

那几年，数控产品的发展速度日新月异，系统生产厂家之间竞争更加激烈。为了开拓市场，系统生产商们不但比产品技术、产品质量，还比售后服务。购买系统后，那些系统生产商们会全方位地"保驾护航"。但是，这在王亮看来却并不利于机床的生产方：这样一来，机床产品制造方的员工不能掌握核心技术，更不能从各个方面提升自己，只能循规蹈矩，完成产

⊙ 2013年3月，王亮在7号机械加工车间对龙门刨铣床进行升级改造

品硬件的生产，而对软件部分一无所知。并且，经系统生产商们调试过的机器，与其他机床厂家生产的机器没什么区别，不具备威达公司的代表性，那么威达公司新建立镗铣床生产基地的初衷在哪里呢？久而久之依旧会使公司产品丧失核心竞争力。这样对自己和公司的长远发展都会产生不利影响。王亮在心里暗下决心：不论系统供货商的服务有多好多完善，他都要把数控镗铣床的原理弄明白，然后再鼓励、帮助其他员工弄清楚产品的数控原理。

王亮再一次对数控产品发起挑战！这一次，王亮非常有信心掌握镗铣床这类数控产品的原理。

在此之后，不论系统供货商提供多么完善的服务，厂家发过来数控产品的时候，王亮都先自己对着说明书研究一番。在之后的使用过程中，机器出现什么故障，王亮都尽量自己解决，如果时间充足的话，王亮还会趁着解决问题的机会，花时间研究机器内部构造，因为这可是不可多得的"解剖"机器的机会。只要是王亮负责的产品，无论出现什么故障，王亮都一定会想办法解决，绝不推卸责任。

独立设计产品

2014年，王亮在自己电气设计的职业生涯中书写了浓墨重彩的一笔。

这一年年初，浙江生产电动缝纫机的一家公司在当时人才市场招工难和大量订单涌入的双重压力下，希望威达重工给他们设计一款高效率的数控机床产品。此前，这家电动缝纫机公司已经购买、使用了100多台威达重工研发的立式加工中心，是威达的大客户。所以，威达全公司上下十分重视这次合作，在收到订购意向后第一时间投入紧张的筹备工作中。

镗铣床生产基地的员工都很重视这次合作，这不仅仅是因为缝纫机公司是老客户，还因为这份订单需要威达为其独立设计机器。王亮和一部分员工去缝纫机厂进行实地考察，研究如何改进原有产品才能提高生产效率。

经过一段时间的准备和基地员工的共同努力，威达最终设计出由23台双主轴立式加工中心和6台专用机床组成的缝纫机生产线，电动缝纫机公司投入生产后取得了很好的效果。

令王亮自豪的是，整条生产线的设计，全都是他自己编写的代码和流程图。考虑到客户的要求，他设计图纸时，没有使用系统厂家的标准控制梯形图。同时，王亮为了满足客户提高生产效率的要求，在机床的主轴箱安装了两颗主轴。但是，这样的话，常规的刀具就无法满足换刀的需要。公司为了支持王亮进行自主设计，号召所有基地人员全力配合王亮。在大家的努力下，基地自行设计了一款特殊刀库，它能够适应安装有两颗主轴的主轴箱。这款新型刀库解决了主轴箱与普通刀库不适配的难题，大大提高了机器效率。更值得一提的是，这款刀库的结构及控制方法均属国内首创，在设计上完全从客户要求出发，考虑了刀库使用的便利性及安全性。公司上上下下对这次成果都感到十分满意，人人都干劲儿十足地投入生产中。经过近一个月的测试改进，最终成功地将此型刀库运行于生产线上。

设计问题解决了，基地开始投入生产，又碰到了加工难题：缝纫机需要采用英制螺纹连接附件。如果螺纹精度不够，会造成附件难以安装或安装不牢固的情况。但是，此前威达加工的都是生产公制螺纹的机床，大家都对英制螺纹比较陌生。

王亮主动带领大家研究英制螺纹，寻找加工办法。原来英制螺纹的生产机床之所以难加工，是因为公制螺纹用螺距来表示型号，英制螺纹用每英寸内的螺纹牙数来表示型号。国内的数控系统都是按照公制标准开发的，编程方法和内部的算法也都以公制单位为基础，与英制螺纹完全不适配，这对王亮他们来说是一个巨大的难题。

经过了解后，王亮主动和系统生产厂家的工程师一起讨论研究，定下公英制的转换方法，用公制编程实现了英制螺纹的加工。让大家都感到高兴的是，经过测试，转换后的数值能够精确到小数点后三位，成功保证了螺纹的精度。

虽然在理论上已经没有问题，但是一向严谨的王亮为了保证英制螺纹孔的稳定可靠，带领员工对每台机床进行了近千次的测试。测试中，王亮关注每一个细节，排查运行隐患，总结调试方法。

那段时间，王亮除了处理订单外，其余时间就待在装配车间。为了保证产品的质量，王亮每天都操作机器进行钻孔攻丝，每次加工50个孔，然后再一个一个地检测。他带领工人记录数据、分析结果、优化参数。如果出现不合格的机器，王亮就不下班，反复对机器进行检测，直到找出问题为止。23台机器，王亮一台一台地测试，不断地进行调整。最终，所有的机器一次交付成功，让客户感到格外满意。

这次新产品的研发，填补了威达在生产领域的诸多空白，王亮又一次立了功。

又一次技术比武

2015年，王亮参加了山东省第五届职工职业技能大赛。

时隔六年，再次参加技术比武，王亮心中充满了感慨：六年来自己一直不断努力，紧跟市场和技术发展，这才没有被时代抛弃。也正因为如此，今天他还能站在技术比武的擂台上。

这一次，王亮参加的还是数控装调维修项目。

阅读参赛要求时，王亮发现自己还存在许多短板，比如，比赛要求选手对数控机床的全工序都要精通，包括机械装配、调整、精度检验补偿、电盘制作、系统调试、编程加工、故障维修等，涵盖机械、电控、制图、材料、刀具、PLC、气动、液压等多项基础知识，范围广泛。其中许多内容并不是王亮在平时工作中会遇到的。

这是王亮第二次参加技术比武，虽然这次参加的是省赛，但王亮的心中还是有些担忧。上一次参加国赛，他取得了不错的成绩，但过去的荣誉，对现在的王亮来说是无形的压力。而且，滕州市总工会和公司领导都对王亮有很高的期望。王亮心想：六年过去了，大家的水平怎么样，目前技术比武难度大不大，自己都

⊙ 2015年7月，王亮在山东省第五届职工职业技能大赛赛场外

不清楚。好在王亮有极强的抗压能力，经过调节，心里的担忧和压力转化成巨大的动力。在正式比赛前，为了不拖团队的后腿，王亮一直努力弥补自己的不足，每天都抽空向公司里的其他部门同事学习请教。与此同时，他每天会根据样题去找资料学习，想办法找设备练习。威达公司十分支持王亮他们参赛，工艺部的张部长带着王亮和其他的参赛选手跑遍了滕州，甚至去济宁，学习主轴的拆装技巧。

转眼间，比赛的日子到了。

王亮深吸一口气，开始操作。

比赛的前半程，王亮一切都很顺利。王亮在心里默念着：水平调整，解决了；变频器接线，解决了；主轴功能恢复，解决了；故障排除，成功；主轴拆装卡住了，先放弃；梯形图编写，成功。

这时的王亮发现，距离比赛结束还有10分钟时间，但是他还有试加工和数据备份没有做。

为了在规定时间内完成，王亮做出了一个大胆的决定，两项穿插着进行。他以最快的速度编好加工程序，输入系统，对好刀，虽然时间紧迫，王亮也不忘记再检查一遍，时刻告诉自己要安全操作，检查完毕后，王亮赶紧拿起CF（Compact Flash，紧凑式闪存）卡，将系统数据备份到CF卡中，然后又启动设备开始加工，观察了机器运行的前几步加工后，王亮满意地点点头。又赶紧将CF卡中的数据按照题目要求存到电脑的指定位置，保

⊙ 2015年10月，王亮在第五届全国职工职业技能大赛赛场外留影

存好后，这才放心地回到设备旁边。结果如王亮所料，加工顺利，还有3分钟，可以按时完成加工。

比赛结束后，队友问王亮怎么那么有信心确信能在规定时间内完成加工，王亮说，自己跟机器打了那么多年交道，这点儿自信心还是有的。不过，王亮也虚心地承认了自己的失误，没有注意时间。队友都开玩笑地说："这怎么注意，大家都没闲着，一直都在忙啊，一点儿都不怪你！"

比赛结束了，进入评判环节。王亮等人发现公司领导雷总还有滕州工会的张主任一直在外面等着他们，看到他们出来，高兴地拍拍他们几个的肩膀。参加比赛的几个人心里都十分感动。

星光不问赶路人，功夫不负苦心人，王亮在这次比赛中获得了实操第一、理论第二、综合成绩第一的优异成绩，同时他还和队友共同获得团体第一名。在之后代表山东省参加的全国决赛中，他们也获得了团体第三名的好成绩。

组建电气技术部

2016年，王亮根据公司的安排开始组建电气技术部，并担任主要负责人。

对于这次组建电气技术部，王亮最大的感受是：团队力量真伟大！此前，王亮虽然也参加过团队项目，但大都只有三四个人。这次组建电气技术部，情况则不同，团队成员有上百人之多。王亮明白，在一个大部门里，自己一个人干好不行，几个人干好也不行，必须大家都干好才行。王亮也一直认为，一个人作用再大也是有限的，只有把所有人的力量凝聚起来，充分发挥团队的智慧，才能不断取得发展与进步。

电气技术部成立以后，王亮面临的最棘手的问题是员工电气基础知识普遍匮乏。为此，他组织一线电气调试人员开展针对性的培训并亲自授课。之后，为了进一步了解一线人员对电气技术的掌握程度，王亮采取发放问卷的方法进行摸底。最后，王亮决定从电气控制原理、梯形图编写、伺服系统的优化等多个方面进行培训，全方位提高公司一线电气相关人员的理论素养和技能水平。王亮对待每一位想学习的同事，都倾囊相授，将自己积累的工作经验和学习方法，毫无保留地传授给大家。

对于刚刚进入单位的年轻同事，王亮更是竭尽全力帮助他们成长。他把带好教好年轻的同事视为自己的责任和义务，不但狠抓他们基本理论与基础知识的学习，还注重在工作作风、职业道德以及安全生产理念方面去塑造他们。

在王亮的指导下，电气部门的青年员工都很快地成长起来，不但在公司的发展中发挥了巨大的作用，在历届技能大赛中也取得了非常好的成绩。比如朱绍军获得2018年滕州职工职业技能大赛第一名，并入选山东省代表队，参加国赛；李琦获得2019年滕州职工职业技能大赛第一名。在2021年山东省职工职业技能大赛中，朱绍军获得二等奖，王磊获得三等奖。这些青年人的成绩里都凝结着王亮的汗水与心血。

从0.008到0.005

2017年，王亮迎来了职业生涯中的又一次重大挑战。

这一年，威达重工与一家生产汽车轮毂模具的公司签订了一份数控机床订购协议。公司接到订单后，立即安排人员开始设计生产。

本来这个项目的设计生产难度并不大，设计部门很快根据客户要求制定出方案，公司制造部门也已经成功生产出第一台机床试件。但就在此时，客户却提出了新的要求，新的要求需要王亮将数控机床设计的定位精度出厂标准从误差在0.008毫米以内提高到误差在0.005毫米以内。

虽然只是0.003毫米的差距，可这在当时机床传动的结构条件下，是个几乎不可能完成的任务。并且客户还要求成品能在高速状态下持续高精度加工，同样也是机床加工中的一个难题。两相叠加意味着调试难度等级直线上升。

除此之外，更加棘手的问题还在后面：对于这个项目，对方只提供了一块试件。这也就意味着，如果公司开始在试件上施工就只能一次成功，没有任何容错空间，而一旦失败，威达将错失价值100多万的订单。

面对这一困难，王亮提出了一个思路：借助针型测试件对数控机床的动态精度和稳定性进行调试。大家抱着试一试的态度，利用这一方法，不断调试机床参数，借助针型测试件对数控机床的动态精度和稳定性进行调试。团队经过15天的奋战和300多次的细节改进及参数调整之后，又对机床进行了近千组数据测试、检查和分析，成功实现了第一件试件生产。

完成这项不可能的挑战后，面对记者的采访，一向谦虚谨慎的王亮直言道："在一个直径90毫米的圆柱上，加工出一根直径0.08毫米，差不多头发丝那么细的针，虽然从数据上来看这只是一个小的变化，但是对于机床整体性能来说，却是一个质的飞跃。"

王亮在多年的工作中明白一个道理，只有稳步前进，才能到达远方，不断进步才能有所作为。这些年，王亮与威达公司一起脚踏实地，稳中求进，取得了一个又一个成功。

⊙ 2015年5月11日，王亮在威达重工4号车间调试立式加工中心

第七章　荣誉的背后

扫码解锁

⊙群英颂歌⊙匠心追梦
⊙技能报国⊙奋斗底色

付出与坚守

在公司，王亮一直有"机床痴迷人"的称号，这是同事们对他工作努力、技术过硬的肯定。但是，高强度的工作也使王亮的身体承受着巨大的压力。

大概从2006年开始，尚在滕州工厂工作的王亮需要经常出差。当时，我国交通状况还没有今天这样发达，长途出行几乎只能靠坐火车。在漫长的旅程中，嘈杂的火车环境使王亮无法睡觉，他也只能靠看报纸或者发呆来打发时间。王亮后来回忆，火车卧铺票通常是买不到的，抢到坐票已经不错了，十几个小时坐下来，腰酸腿疼是不可避免的。如果碰到节假日，王亮连坐票都抢不到，他只能买个小马扎在过道坐着。

让王亮印象最深刻的是一次去沈阳的经历。当时火车上人很多，走路去厕所都要十分小心，因为过道上、车座下面躺的都是人。这种奔波对于王亮来说是一种身体上的折磨，长此以往，王亮落下了腰疼的毛病。

2009年，王亮腰疼的毛病越来越严重，他只要站得或坐得久了，腰就像要断了一样疼。最严重的时候，王亮腰疼得连大腿都发麻，走路更是成问题。实在拖不下去了，王亮在妻子的陪同下去医院就医，医生建议王亮去济南动手术，但工作繁忙的王亮一直没有时间。好在王亮在一位朋友的建议下尝试了针灸推拿，暂时缓解了腰部的疼痛，使他一直能够坚守在工作的第一线。

王亮在工作中受到的伤害不仅仅来自出差，还来自自己的粗心。

有一次，王亮加班到很晚，准备走的时候，一不小心踩空了，从机器上摔了下来。王亮下意识地保护自己，让右手先撑地，还没反应过来，手腕就出现一阵一阵钻心的疼痛，还好加班的同事发现了摔倒的王亮，赶紧把他送到医院。经过检查后，初步断定是软组织挫伤，万幸骨头没伤着，好好静养一段时间就能恢复。

王亮受了伤，不仅没有休假，还主动申请出差。王亮虽然右手手腕受伤，但手指头还可以小范围活动，为了不影响工作，他用手掌压着鼠标，慢慢地操作电脑。如果能一直保持这样，王亮的右腕也许能缓慢恢复。可就在这个时候，一家安徽客户的头库（机床里用来存放附件头的部件）一直反复出现问题，影响工厂生产，其他工程师去了几次都没能解决问题。工厂实在没有办法了，找王亮帮忙，看能不能通过远程指导来解决机器故障。王亮和安徽的工程师沟通后，发现不在现场，难以发现机器发生故障的原因，无法给出解决方案。为了尽快解决安徽客户的问题，王亮主动要求去安徽出差，坐火车去了安徽的马鞍山。

⊙ 2018年11月，王亮在山东大学千佛山校区

下车以后，王亮顾不得休息，直奔客户工厂。由于右手不能动，王亮只能请同事帮忙记录现场情况。王亮笨拙地用左手检查机器，有好几次，一个没注意，右手忍不住抬了起来，一阵疼痛立马从右腕传来。

经过两天的耐心查找，王亮终于找到了头库出现问题的原因，他不仅排除了故障，还给机器做了相应的升级，满足了客户的需求。因为这次带伤出差没有好好护理右手，王亮的右手腕落下了病根。天气一凉右手腕便疼，严重的时候，王亮疼得笔都拿不稳。妻子不放心，带着王亮又去做核磁共振检查，发现王亮的右手腕出现TFCC三角纤维软骨损伤，只能用手术治疗的方式根除。王亮害怕手术出现意外，影响他以后操作机器的精准性，始终拒绝手术治疗。后来，他只买了个护腕平时用来保暖，疼的时候就忍着或者吃点儿止痛药，一直坚持到现在。

在王亮看来，工作永远是第一位的，是不能有丝毫懈怠的！

家人的支持

王亮能够全身心地投入工作中，是与家人的默默支持分不开的。

王亮结识妻子张伟是在2008年。那时，王亮刚担任威达数控分厂的副厂长，工厂里的工作成了当时两个人闲谈时始终不变的话题。他们两个人对工作都抱有极大的热情，希望通过自己不断的努力取得更好的成绩，就这样，他们慢慢地对彼此产生了好感，自然而然地走到了一起。

王亮和张伟的爱情平淡而又美好。刚在一起的时候，两个人下了班就一起吃饭，一起在厂区散步。那时，威达公司附近还没有建设发展起来，没有配套的商务圈、娱乐区，情侣约会的地方更是无从谈起，但王亮和张伟在一起都没有无聊的感觉，他们在简单的相处中感到甜蜜。

2010年4月份，王亮和张伟步入婚姻的殿堂。结婚后，王亮在工作方面比妻子忙得多，张伟便承担了家中的大部分家务，却没有半句怨言。每当王亮出差回来，看到温柔体贴的妻子把家收拾得干干净净，幸福感就从心底涌现出来。结婚后，他们的生活不断发生着改变：2011年他们的女儿王昭茹出生了，又过了6年，儿子王致远也呱呱坠地，操持家里一切的始终是张伟，王亮仍然把全部的精力都投入到了工作中。这么多年，王亮十分感谢妻子对家庭的付出，感谢妻子对他工作的支持。为了补偿妻子，王亮一有时间，便帮妻子做家务。

王亮一心扑在工作上，即使两个孩子相继出生也没有对他产生太大影响。孩子大部分时间都由妻子和父母照顾。对于这一点，王亮始终心怀愧疚。

父母都十分体谅王亮和他的妻子，主动来帮他们照顾孩子，

⊙ 2022年4月，王亮和妻子、女儿、儿子在山东枣庄山亭游玩

好让两个人都能专心工作。家中的琐事，王亮和妻子几乎不需要操心，给孩子买衣服、带孩子上兴趣班之类的事情，爷爷奶奶安排得井井有条。王亮的岳父岳母对孩子也十分关心，如果家中有什么事情需要帮忙，他们会第一时间到场。

王亮内心明白，没有妻子的支持，没有家人的帮助，他不可能有那么多的精力投入工作，也不能在工作中取得如今的成绩，他从心底感激家人的付出。

陪妻子爬泰山

王亮工作繁忙，他生活中的大部分时间，都在和机床相伴。对于妻子，王亮一直是愧疚的。

妻子从小没有出过远门，一直想外出旅游。但王亮一直忙于工作，要么在工厂中研究机床，要么出差。连省内的泰山，也一直没有机会陪妻子去爬一次，这在他心里始终是一件憾事。

2014年的时候，有一次王亮需要去泰安市处理个人事务，这里正好离泰山很近，于是他萌生了陪妻子爬一次泰山的想法，便向公司多请了几天假，带着妻子一起去泰安。

夫妻二人到了泰安后，先去岱庙逛了一圈，王亮想带妻子看日出，所以晚上九点抵达了泰山的正门——红门。两个人在附近吃了晚饭，又买了水、面包等补给物品，到了十一点，开始正式爬泰山。

夜里爬泰山并不危险，但十分累人。天很黑，没办法看景色，王亮便和妻子一心一意地爬山。王亮爬泰山前三个月刚做过手术，体力有些支持不住，但为了陪伴妻子，他一直咬牙坚持着。

爬了大概一个多小时，两个人到达了中天门，这里有灯光，王亮给妻子拍照留念，顺便休息一会儿。这时王亮充当起导游的角色，告诉妻子："我们从这儿往上爬，才是真正的爬山阶段。你现在累不累？我们先休息一会儿，马上咱们就去挑战泰山的十八盘。"

妻子虽然没有爬过泰山，但听说过"泰山十八盘"是最考验人毅力的地方，是泰山最险的一段山路——这里垂直高度有400余米，阶梯1643级。王亮记得曾经听人介绍过："泰山之雄伟，尽在十八盘。"在刚开始爬的时候，王亮忍不住向妻子介绍十八盘的传说。爬到下半段的时候，两个人又累又饿，两边的阶梯上陆陆续续有人体力不支坐下休息。王亮和妻子相互鼓励，一级一级数着阶梯爬，实在爬不动了，就站着缓一缓。

不知过了多久，王亮看到了灯光，猜测应该快到南天门了，王亮高兴地向妻子说快到了。看一眼手机，已经凌晨四点了，不知不觉已经过了那么长时间，太阳也快出来了。王亮带着妻子赶紧往日观峰上爬。

日观峰上人山人海，大家都虔诚地等待着日出。王亮和妻子裹着大衣，回头看自己爬过的路，疲惫的脸上露出了笑容。没过几分钟，太阳慢慢地露出头来，若隐若现，像一个小火柴头，不一会儿，太阳冲破了云层的阻碍，像刚点燃的火柴，热烈而又炽热，照亮了周围的景色，群山环绕，云雾飘荡，两个人都被日出的磅礴景象所震撼。王亮和妻子站在山顶，欣赏着齐鲁大地的自然风光，感受着"会当凌绝顶，一览众山小"的豪情。

在这次与妻子爬泰山的过程中，王亮体会到了不一样的感觉，可能因为刚做手术没多久，这次爬山他感觉格外累，但却很甜蜜。有妻子的陪伴和鼓励，王亮挑战了自己的身体极限，并获得了成功。王亮想，日常生活中，妻子又何尝不是一直在陪伴和鼓励着自己？两个人还在日出时约定，等以后，还要带他们的孩子一起再爬一次泰山，一起欣赏日出。

⊙ 2020年1月，王亮在"最美滕州人"颁奖典礼后与妻子合影

第八章　笃志不倦，九转功成

扫码解锁

◉群英颂歌◉匠心追梦
◉技能报国◉奋斗底色

身负重托，履职尽责

2018年对于王亮来说具有特殊意义，他光荣地当选为山东省第十三届人民代表大会代表。

"起来，不愿做奴隶的人们……"伴随着庄严的国歌响起，全场参会人员都肃穆站立、齐唱国歌。在这庄严的时刻，王亮心里的自豪感、使命感油然而生。国歌结束，王亮坐在礼堂中，他看着胸前戴着的红色"出席证"心潮澎湃，激动之余也十分紧张。这是王亮第一次参加人大会议，过去没有参政经验的他感觉压力很大，也担心自己无法完成人大代表的职责。他觉得，如何成为一名称职的人大代表，应该成为他接下来需要好好学习的一课。

在八天的时间里，人大常委会机关工作安排得紧凑而又精细。预备会议、全体会议、分组会议，严谨有序地进行着。整个会议期间气氛庄重。首次当选人大代表，王亮全身心地投入到会议的各项议程中去，他认真聆听政府工作报告和其他代表发言，并积极与其他地区的代表一起讨论报告。在这次参会过程中，王亮一直孜孜不倦地学习，不断充实自己。

从2018年至今，六年多时间，王亮已经成长为一名优秀的人大代表。从刚开始在会议上不知道说什么、怕说错话到敢于建言献策，从以前的甚少关注社会热点到现在的有意关注，王亮发生了巨大的变化。王亮在履职人大代表的六年期间，珍惜每一次参加活动调研和会议的机会，列席山东省中级人民法院院长会议，旁听法院案件审理，到检察系统调研，参加"问政山东"节目等，都使他对相关问题有了深刻的认识，语言表达能力和分析问题能力也都有了很大的提高。

在履职期间，王亮提交了《关于进一步推动枣庄机床产业集群发展的建议》《校外培训的治理要疏堵结合》等多项建议。这些建议引起省人大和省政府的高度重视。

2022年，王亮再度光荣地当选为中国共产党山东省第十二次代表大会代表。王亮觉得，自己在做好本职工作的基础上，更要担负起人民赋予他的责任，维护好广大人民群众的利益，从自身实际出发，不断提高自己的水平。

走进人民大会堂

王亮手中拿着工作人员刚发给他的沉甸甸的奖章，觉得很不真实。据工作人员介绍，这次的奖章是全新设计的，通径由

⊙ 2020年11月24日，王亮在出席全国劳动模范和先进工作者表彰大会后在天
　安门广场留影

以前的55毫米扩大到了60毫米。王亮稍微回过神来，此刻的他正站立在2020年全国劳模表彰大会的主席台上，内心无比激动。

就在不久前，王亮接到枣庄市总工会的通知，他荣获了全国劳动模范的殊荣，将与其他四位枣庄市的获奖者一道赴京参加表彰大会。

11月24日上午10点，晴空万里，天朗气清，惠风和畅，伴随着全场雷鸣般的掌声，2020年全国劳动模范和先进工作者表彰大会正式开始。来自全国各行各业的2400余名全国劳动模范和先进工作者共聚一堂，接受党和国家授予的崇高荣誉，嘉奖他们多年来的辛勤劳动。

会议开始，全场高唱中华人民共和国国歌，王亮内心感到无比激动与自豪。他感谢工作以来一直努力着的自己，感谢党和国家对广大劳动者劳动精神的肯定……正在此时，中共中央总书记、国家主席、中央军委主席习近平等党和国家领导人依次步入了会场，王亮和大家一起鼓起掌来，热烈的掌声逐渐环绕全场，大家都站起来望向领导人步入会场的方向，每位代表的脸上都洋溢着作为劳动者代表的光荣与喜悦。

大会上，习近平总书记发表讲话，充分肯定了全国劳动模范和先进工作者的卓越贡献和崇高精神。习近平总书记在大会上说："在长期实践中，我们培育形成了爱岗敬业、争创一流、艰苦奋斗、勇于创新、淡泊名利、甘于奉献的劳模精神，崇尚劳动、热爱劳动、辛勤劳动、诚实劳动的劳动精神，执着专注、精益求精、一丝不苟、追求卓越的工匠精神。"

王亮在台下认真地听着习近平主席的讲话，全神贯注。习近平总书记接着说道："激励更多劳动者特别是青年人走技能成才、技能报国之路，培养更多高技能人才和大国工匠。要增强创新意识、培养创新思维，展示锐意创新的勇气、敢为人先的锐气、蓬勃向上的朝气。"这段话引起王亮长时间的思索，他想，自己回去以后，要准确传达习近平总书记的讲话精神，鼓励更多的年轻人创新创造，同时，自己也要进一步学习知识技能，勇做创新者，为国家机床行业的发展继续做出自己的贡献。

手里拿着劳动模范奖章，王亮内心非常激动。这次奖章的设计，主要凸显劳动最光荣、劳动最崇高、劳动最伟大、劳动最美丽的理念，同时彰显了各行各业劳动模范和先进工作者的示范引领作用。王亮觉得这次获得的荣誉是对他的又一次鞭策：在未来的工作中，他应该更加尽职尽责，起到模范带头的作用。

会议结束后，王亮晚上就返回了枣庄。在家里吃饭时，还感觉参加大会的经历像是在做梦。刚刚放下饭碗，他就急忙走进书房，第一时间打开了平时的工作笔记，写下了这样一段话：习近平总书记的讲话高度评价了工人阶级和广大劳动群众在中国特色社会主义伟大事业中的重要作用，充分肯定了劳动者的崇高地位，明确提出要大力弘扬劳模精神、劳动精神、工匠精神。其中多次提到了"创新"二字，这就要求我们不能靠着传下来的东西吃老本，必须要不断学习，跟上时代的发展，适应企业和行业的变化，立足一线，高质高效做好本职工作，苦干之外更需要巧干，充分发挥创造性和主动性，努力创新，真正掌握核心技术。

王亮翻到笔记的第一页，上面写着：努力付出必有所收获，只要你还愿意为自己努力，世界会给你惊喜。王亮一直很喜欢这句话，他觉得自己未来应继续保持初心，珍惜荣誉，再接再厉，继续加油，把个人梦与中国梦紧密联系在一起，通过劳动创造更加美好的生活。

新的起点

2020年，对于王亮来说，是极不平凡的一年。他不仅被评为全国劳动模范，还获得了"齐鲁大工匠"的荣誉称号。这些荣誉对于王亮来说都弥足珍贵，也实至名归。

回到工作岗位后，王亮在威达公司的支持下，开始着手成立创新工作室。

工作室人员按照"自愿+筛选"的原则，从企业工程技术人员和一线操作技师中择优选拔。最初，工作室成立时有20名成员，其中拥有专科及以上学历的占比90%，成员平均年龄36岁，均为高级工以上技能等级，多数为工程师以上职称，其中高级技师7人，山东省级以上技能人才4人，枣庄市首席技师或者工匠5人。20个人组成了一支多层次、能力强的工作队伍。

公司为支持创新工作室的发展，提供了500平方米的场地，完善了各种配套设施，并按照培训区、交流区、试验区、测试区等功能对工作室进行了分区，为工作室各项工作高效、有序开展提供了保证。除此之外，工作室还设置了小吊车、物料架、工具橱、工具等实验设备，方便培训员工、进行实验。公司在完善了内部软件及硬件设备的同时，还与王亮一起制定了《创新工作室规章管理制度》，明确了会议制度、创新制度、培训制度、档案管理制度和考核制度。

经过王亮和总公司领导的共同商议，工作室根据任务划分出了领导小组，并设3名副组长协助王亮开展工作。为了尽快发挥工作室的作用，王亮根据公司的企业特点设立项目管理小组、技术攻关小组和工艺攻关小组。小组成员互相配合，共同进步，各小组均遵循"易实现、有成效、共性强"的原则设立课题，制定工作内容。大家以工作室为平台，成员们齐心协力，共同学习新理念、了解新事物、迎接新挑战。

经过大家的共同努力，团队不断取得重大突破，创新成果不断产出。创新工作室年度共完成技术攻关及创新活动20余项，其中，航天发动机喷注器环小孔加工机床、缝纫机壳体自动化生产线等通过了省级科技成果鉴定，技术水平达到国内领先及国际先进水平。

同时，王亮为了加强工作室力量，追踪行业前沿的先进技术，工作室还不定期邀请华中科技大学、FANUC（发科那）、KND（凯恩帝）、西门子等一流企业的专家学者来做技术交流。不仅如此，王亮还组织定期培训，开展大讲堂等活动，对一线人员进行问卷调查，并将调查结果与公司的总体发展方向相结合，制订电气控制原理、机械识图，梯形图编写、调试方法技巧等8个板块、20余个专题的课程计划。同时，为了适应不同层次的人员，王亮还贴心地根据人员技能水平分初级、高级课程进行培训，想尽一切办法提高一线人员的理论、技能水平，为公司主营产品转型升级提前打好人才基础。相关课程直到目前还在持续优化中。

王亮的创新工作室成为威能公司创新的引擎，同时也推动着中国机床技术的不断进步！

荧幕上的爸爸

"爸爸，爸爸，爸爸在电视机里面啊！"儿子小致远看着电视机，激动地对身边的家人喊道。姐姐昭茹也高兴地说：

⊙ 2021年3月26日，王亮在"2020齐鲁大工匠"颁奖典礼上

"我也看到爸爸了，爸爸这是上电视了呢！"

只见电视屏幕上正播放着王亮的宣传视频，接着主持人说道："有请齐鲁大国工匠，山东威达重工股份有限公司电气技术部部长，高级技师——王亮。"

王亮的家人们在这个时候都目不转睛地紧盯着电视机，连平时好动的致远也屏住呼吸，好像他们也要跟王亮一起上台领奖似的，兴奋而紧张。

只见舞台灯光开始旋转，最后绚丽多彩的灯光集中到王亮身上，观众席上响起了热烈的掌声，他彬彬有礼地向观众席的方向挥了挥手，然后走下台阶，来到舞台的中央。

昭茹崇拜地说道："哇，爸爸好帅。"妈妈和爷爷奶奶听到孩子这么说，心里都不由得乐开了花。

这是王亮第一次上电视，尽管已经排练了多次，但当聚光灯打到王亮身上的时候，他还是忍不住有点儿紧张。

在颁奖典礼上，主持人问王亮此刻有什么感想。王亮字斟句酌地说道："现代的工匠精神不单单是简单的重复和坚守，更需要改进和创新，我们把直驱技术应用到高端数控的研发中，打破了传统的传动方式，攻克多项关键技术难题，实现了高速度、高精度、零磨损、零间隙等关键技术目标。我相信，只要我们坚持对思维的创新、对品质的追求和对工作的坚守，我们中国的数控机床一定可以在高端市场上占有一席之地。"

王亮话音刚落，台下就响起了雷鸣般的掌声。

电视机前的妻子看着屏幕里的丈夫，知道这一路走来他付出了多少心血，泪水不禁流了下来。

舞台上，属于王亮的"齐鲁大工匠"奖杯慢慢地从前方升起，王亮激动地对着镜头拿起奖杯，对现场和电视机前的观众展示，他在心里对自己说："你很棒，未来继续加油！"

接着，两名少先队员给王亮献花，济南二机床的张董事长亲自给他颁奖，王亮感到很荣幸。张董事长致辞："像齐鲁大工匠这样的精工巧匠，在机床行业里面尤为重要，他们执着坚守，耐得住寂寞，又有创新担当的精神，推动了国家工业的发展。要感谢他们的付出、奋斗和贡献，应该给他们更多的认可和尊重。"

听到这些话，王亮心中备感欣慰，幸福的同时也觉得肩上多了份责任。

虽然颁奖典礼结束了，但是王亮的职业生涯还未完待续。在颁奖典礼活动中，王亮看到了更多优秀的人，在以后的生活中，他将继续立足本职岗位，不忘初心，继续在机床行业做出自己的贡献。乘历史之大势，走中国实业路！

荣归母校，鼓励后学

2021年，恰逢山东科技大学建校70周年，王亮被邀请参加"70年70人70讲"校友论坛。

王亮在心中一直记挂着他的母校，在平常的生活中，王亮就时常怀念自己的大学生活，他经常与妻子讲述自己大学打篮球时那段意气风发的少年时光。

接受邀请后，王亮对于报告选题格外慎重。经过仔细考虑，王亮最终把报告题目定为"新时代是奋斗者的时代，把个人奋斗融入时代大潮中去"。

2021年7月7日下午，王亮回到母校，来到了自己曾经所属的院系——机电学院（原工程学院）。在那里，他见到了学院的老师们和校友会的同学们，孙鹤汀校长与王亮进行了深入交流，对他取得的成绩表示高度赞许。

在报告厅，王亮向学弟学妹们分享了自己的故事，还重点介绍了机床行业的特殊意义，希望学弟学妹们积极投身机床行业。王亮说，自己十分幸运地生活在当前这个发展的时代，更幸运的是自己抓住了时代发展机遇。他语重心长地向同学们讲道："在现在这个变化越来越快的时代里，我们应该紧跟时代发展，勇于求变，敢于求变，主动求变，使自己适应时代，将个人的奋斗融入时代的大潮，紧紧抓住新时代的机遇，我们要'快干''实干'，更要'会干'，了解时代的需求，找准自己的发展方向，才能让自己的道路走得更远，也可以更省力一点儿。"王亮也鼓励同学们，应顺应时代潮流，不断创新，不断加油，为建设社会主义现代化强国做出贡献。

王亮的演讲在同学们中产生了热烈的反响，大家都希望能够为祖国的发展和繁荣贡献自己的一份力量！

春去秋来，寒来暑往。王亮在机床生产的第一线已经工作了将近二十个年头。他见证了中国机床从弱到强的艰苦历程。新时代的中国，正是因为有了千千万万个勇立时代潮头的"王亮"，中国实业才走向世界制造业舞台的中央。他们是新时代的模范，是中华民族梦圆百年复兴的"站岗人"！